Arbeitstexte für den Unterricht

Literarische Wertung

Für die Sekundarstufe
Herausgegeben von
Inge Degenhardt

Philipp Reclam jun. Stuttgart

Universal-Bibliothek Nr. 9544 [2]
Alle Rechte vorbehalten
© 1979 Philipp Reclam jun. GmbH & Co., Stuttgart
Gesamtherstellung: Reclam, Ditzingen. Printed in Germany 1991
RECLAM und UNIVERSAL-BIBLIOTHEK sind eingetragene
Warenzeichen der Philipp Reclam jun. GmbH & Co., Stuttgart
ISBN 3-15-009544-1

Inhalt

Vorwort

Zum Umgang mit Literatur gehört nicht nur Erklären und Deuten, sondern auch Verstehen und Werten. Die geläufige Formel, daß Literatur immer nur als gewertete existiert, daß man nur wertend mit ihr umgehen kann, vermag jedoch nicht darüber hinwegzutäuschen, daß literarische Wertung ein Problem ist, und zwar nicht erst seit heute. Die Wertproblematik ist quallig und schwer faßbar, was nicht zuletzt mit Wesen und Funktion des Wertgegenstandes, der Literatur, zusammenhängt. Aussagen über literarische Texte sind weniger konsensfähig als Aussagen über naturwissenschaftliche oder technische Fakten. In Überwindung der Streitfrage, ob literarische Wertbestimmungen aufgrund allgemeingültiger Normen oder subjektiver Gefühlseindrücke zustande kommen, bleibt ein entschiedenes Streben nach gemeinsamen, von verschiedenen Individuen akzeptierbaren Wertaussagen, ohne die jedes Gespräch über Literatur sinnlos wäre. Von stärker praxisbezogenen Fragen (was ist wert, gelesen oder gedruckt, gekauft oder interpretiert, aufgeführt oder verfilmt zu werden?) heben sich allgemeinere Problemstellungen ab (wie kommen Qualitätsaussagen zustande, von welchen Kriterien werden sie abgeleitet, welchen Anspruch auf Geltung haben sie?), die nur auf dem Hintergrund einer Theorie zu beantworten sind. Die vorliegenden Arbeitsmaterialien wollen zur Reflexion dieser Fragen anregen und Bewußtseinsprozesse in Gang setzen. Das »unbewußte« Werten in Form spontaner Reaktionen auf einen Text ist in ein kritisches Verhalten zu überführen, das begründete Stellungnahmen zur künstlerischen Qualität des Textes und zu seiner Funktion für den jeweiligen Leser möglich macht. Es geht hier also nicht darum, daß Schüler lernen, irgendeine literaturwissenschaftliche Theorie instrumentell zu gebrauchen oder wissenschaftliche Ergebnisse nachzuvollziehen, sondern sie sollen ihre eigenen (vorbewußten) Erfahrungen mit Literatur zum

Ausgangspunkt eines Lernprozesses machen, in dem sie erkennen, daß Wertung kein ein für allemal abgeschlossener Akt ist, sondern ein Denkprozeß, der dem historischen Wandel unterworfen ist und der in Abhängigkeit zu gesellschaftlichen, politischen und literarischen Entwicklungen zu sehen ist.

Von solchen Überlegungen ist der *Aufbau* des vorliegenden Bändchens bestimmt. Zunächst werden einfachere literarische Texte zur Einführung in die Problemsituation angeboten. Anhand verschiedenartiger Gedichte, die so ausgewählt wurden, daß das »Wissen dem Werten nicht in die Quere kommen« kann, sollen Leser zur Reflexion der eigenen Wertvorstellungen und literarischen Erwartungen angeregt werden. Es folgen Anwendungsbeispiele kritischer Wertungspraxis in Form unterschiedlicher Beurteilungen einer literarischen Erzählung der Gegenwart (Böll) und wechselnder Einschätzungen eines Klassiker-Gedichts (Schiller) aus verschiedenen Epochen. Ziel ist, auf gleichsam vorwissenschaftlicher Stufe sowohl ein Nachdenken über das Verhältnis von ästhetischer und gesellschaftlicher Erfahrung als auch über die Spannung von entstehungsgeschichtlichen und wirkungsgeschichtlichen Wertungen zu provozieren. Die Vorschläge sind so ausgewählt, daß die bewerteten Texte ohne größeren Aufwand gelesen werden können. Deshalb wurde z. B. der Hinweis auf das für die Thematik geradezu klassische Beispiel *Werther* unterdrückt. Selbstverständlich können jedoch die hier zugrunde gelegten Texte gegen andere (entsprechend der Lektüreplanung des Literaturunterrichts) ausgetauscht oder modifiziert werden.

Breiten Raum nehmen die Texte zur wissenschaftlichen Wertungsdiskussion ein. Dabei ist jedoch keineswegs beabsichtigt, das ganze Spektrum von Lehrmeinungen und Methodenansätzen zu entfalten, wohl aber sollen Traditionen und Tendenzen sichtbar gemacht werden. Die Schwierigkeiten einer solchen Thematik, die gleichsam eine Einführung in Fragen der Wissenschaftspropädeutik herausfordert, sind nicht zu leugnen. Sie liegen vor allem darin, daß 1. die Mehrzahl der Texte die Problematik auf einer generellen Ebene diskutiert, sich auf die Gesamtheit der Literatur bezieht, nur selten Beispiele benennt oder auf konkrete Situationen anwendbare Verfahren erkennen läßt; daß 2. die Darstellungen eine relativ abstrakte Wissenschaftssprache verwenden, die gleichgültig, ob es sich um den wertmetaphysischen Jargon traditioneller Positionen oder die heterogene Terminologie neuerer Tendenzen handelt, Lehrern wie Schülern hohe Eintrittsleistungen abverlangt.

Der Textzusammenstellung dieses Kapitels liegen Überlegungen zugrunde, die der Rechtfertigung bedürfen. Bei der *Textauswahl* spielte zum einen die wirkungsgeschichtliche Effizienz der einzelnen wertungstheoretischen Ansätze eine Rolle, zum anderen führten didaktische und arbeitstechnische Überlegungen zu einem mehr oder weniger pragmatischen Konzept, das den realen Arbeitsbedingungen von Lehrern und Schülern annähernd Rechnung tragen will.

Der Entschluß, die Kitschdiskussion und die journalistische Buchkritik hier auszuklammern bzw. nur am Rande einzubeziehen, ist besonders unter didaktischer Perspektive nicht leichtgefallen. Beide Problemkreise hängen zweifellos aufs engste mit dem Problem der literarischen Wertung zusammen, ihre Einbeziehung ließ sich jedoch nicht mit den gegebenen quantitativen Möglichkeiten vereinbaren. Eine Materialsammlung zu diesem Themenbereich bleibt darum einem späteren Zeitpunkt vorbehalten.

Der jeweiligen Arbeitssituation muß auch die letzte Entscheidung über das Textangebot vorbehalten bleiben. Dem Lehrer bleibt es überlassen, Schwerpunkte zu setzen bzw. die Textfolge entsprechend dem Leistungsvermögen seiner Schüler zu differenzieren. Sicherlich wäre es wünschenswert, Diskussionsansätze aus anderen Disziplinen, vor allem aus der Philosophie und Soziologie, mit einzubeziehen. Aus textökonomischen Gründen mußte jedoch auch hier die Auswahl auf die Grundlagendiskussion innerhalb der Literaturwissenschaft beschränkt bleiben, auf interdisziplinäre

Zusammenhänge wird zum Teil in Kapitel III (»Literarische Wertung im Überblick«) verwiesen. Wenn bedeutende Arbeiten innerhalb der literaturwissenschaftlichen Diskussion fehlen, so ist damit kein Werturteil verbunden. Diese Texte wurden entweder nicht aufgenommen, weil eine nur auszugsweise Wiedergabe den Problemzusammenhang nicht deutlich gemacht hätte (z. B. Wellek, Ingarden) oder weil für eine gekürzte Fassung die Abdruckgenehmigung versagt wurde (z. B. Pfeiffer). Darüber hinaus fehlen wichtige Arbeiten, deren theoretisches Niveau oder deren sprachlicher Abstraktionsgrad zu hohe Ansprüche stellen.

Für die *Textanordnung* ergab sich die Alternative, inhaltlich-thematisch oder chronologisch vorzugehen. Hier wurde die chronologische Folge bevorzugt, weil mit dem Überblick über die fachwissenschaftliche Diskussion gezeigt werden soll, daß die Wertungsdiskussion sich in einem bestimmten historisch-gesellschaftlichen Kontext entwickelt. Das streng chronologische Prinzip wurde jedoch in einigen Fällen um des thematischen Arrangements und der inhaltlichen Zusammengehörigkeit willen durchbrochen.

I. Literarische Wertung – ein Problem, nicht nur für Wissenschaftler. Texte zur Einführung in die Problematik

1. Aufforderung zur eigenen Wertung (Gedichte)

a) Hans Frentz: Deutsche Legende

Mein Kind trug eine Krone
in seinem Märchenspiel.
Es schenkt sie mir zum Lohne,
weil mir die Mär gefiel.

Die Krone hängt im Zimmer
hoch überm Abendlicht;
es fällt ihr leiser Schimmer
aufs Kinderangesicht.

Die Fürstenkronen schweben
dahin wie welkes Laub;
die Märchendichter heben
sie neu aus ihrem Staub.

Im Tau der Schöpferfrische
wandelt sich Zeit und Sinn ...
An meinem Abendtische
sitzt eine Königin.

b) Arno Reinfrank: Anlaß zu Delirium

Im Kindermärchen weinen rosa Ferkelchen
aus Augen blond bewimpert, und sie duften süß
nach Marzipan anstatt nach Schweinedung,
der auf der Farm uns Tränen in die Augen treibt.

Azaperon heißt jenes Chemical, das auf der Fahrt
zum Schlachthof dann die Tiere ruhig hält,
die überfett und in der Aufregung der Todesangst
am Herzschlag unterwegs krepieren könnten.

Zu prüfen bliebe, ob im Fleisch die Siedehitze
die Spuren dieses Sedativs vertilgt,
mit dem man in der Psychiatrie die Deliranten tröstet ...
Die Wirklichkeit ist längst kein Kindermärchen mehr.

c) Werner Dürrson: Arche TV

Nach und nach stiegen
alle ins bild

die erde
(so wurde berichtet)
war wüst und leer

kein mensch mehr draußen
als sie den stecker
lichteten

finsternis wogte

10

d) Kurt Mautz:

cartolina postale

saluti di pisa

2. Ein umstrittener Bestseller der Gegenwart
(Heinrich Böll:
Die verlorene Ehre der Katharina Blum)

Das Buch des Nobelpreisträgers Heinrich Böll mit dem Untertitel »Wie Gewalt entstehen und wohin sie führen kann«, das »Der Spiegel« bereits als Vorabdruck veröffentlicht hatte, erschien 1974. Die Erzählung fand nicht nur wegen ihres politischen Engagements (der Autor spielte auf aktuelle politische Vorfälle an und rechnete mit den Praktiken der Sensationspresse ab), sondern auch wegen ihrer literarischen Form unterschiedliche Beurteilungen.

a) Rolf Michaelis: Der gute Mensch von Gemmelsbroich

[...] Dies ist einer der Blickpunkte, unter denen Bölls neues Werk betrachtet werden kann: ein satirisches Pamphlet gegen kriminelle Formen der Meinungsbildung. Der politische Aspekt des Werks, Erziehung zur Empörung gegen offensichtliches Unrecht, Aufklärung lügenhafter Praktiken, in Form von Protokollen und psychologisch-soziologischen Porträts derer, die Böll zu Recht »Rufmörder« nennt – hier spricht sich der moralische Zorn des Autors unmittelbar aus, hier überzeugt er (mich).

Aber Böll schreibt keinen politischen Aufruf und schon gar nicht ein Manifest, das zur praktischen Nachfolge der verzweifelten Tat Katharinas einlüde, sondern eine zeitkritische Schmähschrift – in Form einer Erzählung, einer scheu vorgetragenen Liebesgeschichte, einer kriminalistisch gewürzten *love story*, also eines epischen Werkes, das sich literarkritischer Beurteilung stellt – und da ist Böll weniger leicht zu folgen.

Zuvor noch ein Wort zum politischen Rang der Arbeit – der vom literarischen nicht zu trennen ist. In einem Vorspruch beteuert der Erzähler, Personen und Handlung seien »frei erfunden«, Ähnlichkeit der geschilderten journalistischen Praktiken seiner »ZEITUNG« mit Gepflogenheiten der *Bild*-Zeitung »weder beabsichtigt noch zufällig, sondern unvermeidlich«. Da hat Böll, leider, recht. Gleichwohl sei vor händereibendem Vergnügen gewarnt. Bölls Kritik zielt über Bräuche der *Bild*-Zeitung hinaus. Wer selber für Zeitungen schreibt, hat keinen Grund, sich von Bölls Kritik nicht getroffen zu fühlen. Der unter sarkastischer Ironie stets vernehmbare Ton melancholischer Meditation nötigt jeden aufmerksamen Leser zur Antwort auf solche Fragen: Was lassen wir uns eigentlich alles bieten? Wie weit sind wir, als stumm genüßliche Konsumenten der täglich verbreiteten Halbwahrheiten, mitschuldig am Zustand der Medien, von denen wir uns informieren lassen?

[...]

Bölls Erzählung läßt sich – auch – als kleiner Schlüsselroman der Apo- und der Baader-Meinhof-Zeit entziffern. In einer »Art Räuber- und Gendarmenromantik«, wie Böll in einem der ironisch selbstkritischen Kommentare bemerkt, bündelt die Erzählung fast alle Motive aus den Jahren der politischen, später kriminellen Aktivität der Gruppe um Ulrike Meinhof: Einbruch in eine alleinstehende Villa, Flucht aus einem Apartmenthaus, Erstürmung einer Wohnung durch die Polizei, Anzapfen von Telephonleitungen, Verhöre, Diskussionen unter Sympathisanten, Kontakte zwischen Finanz, Industrie und Journalismus zur Verbreitung oder Unterschlagung gewisser Meldungen, Liebe zwischen politisch und erotisch aktivem Mann und einer auf beiden Gebieten wenig erfahrenen Frau [...].

In der Idealisierung seines Blum-Mädchens geht Böll bis an die Grenze des literarisch Zulässigen und Überzeugenden. Während Tötges (»der Kerl von der ZEITUNG«) natürlich »schmierig« ist und Porsche fährt, strahlt die einen gebrauchten VW kutschierende Katharina (griechisch: die Reine) in dem moralischen SUWA-Weiß, das Flecken auf der Seele von Kunstfiguren hinterläßt.

[...] Zum großen Komplex des Unwahrscheinlichen gehört allerdings die entscheidende Tat, der kalt geplante Schuß

13

auf Tötges. Für die verhörenden Beamten – und für den Leser – verwirrend, Katharina als Charakter aber lebendig definierend, sind ihre stundenlangen Autofahrten durch die Nacht (»Ich bin einfach drauflos gefahren ... immer nur wenn es regnete ... Es war wohl auch Angst«). Nicht, daß dies psychologisch nicht glaubhaft wäre, Umkrempelung einer Person durch eine einzige Liebesbegegnung; doch wird die Verwandlung der passiven, ziellos streunenden Frau in eine aktive, ihr Ich bis zum Mord verteidigende Frau nur behauptet, nicht auch literarisch verwirklicht.

Überhaupt läßt sich der Verdacht schwer abwehren, die offensichtlich rasch geschriebene Erzählung, ein Nebenwerk sicher, müsse vom Erzähler durch ein Übermaß an Konstruktion legitimiert werden. Der eindringlich moralische Appell des kleinen Werkes wird durch kokette Struktur, spielerische Verschachtelung, zwinkernde Rück- und Vorblenden fast aufgehoben. Wenig glücklich erscheint (mir) Bölls Bildwahl der »fließenden Quellen«, der »Konduktion statt Konstruktion«, des »Rückstaus« von Pfützengewässern für die verschiedenen Stränge der Erzählung, vor allem dann, wenn dies zu schiefen, auch durch ironischen Sprachgebrauch nicht zu entschuldigenden Metaphern führt wie den »Nebenquellen, ihrer Verstrickung, Verwicklung, Befaßtheit ...«.

[...]

Böll ist am besten, wenn er direkt spricht. Im Bemühen, persönliche Betroffenheit zu überspielen, die hier als Wehleidigkeit erscheinen müßte, flüchtet er sich in einen Stil von oft gequält bürokratischer Ironie, wie sie ihm durch den Protokollcharakter mancher Abschnitte seines »Berichts« gerechtfertigt erscheint. Da ist dann zu lesen, daß jemand »nicht zur Pistole griff, sondern diese auch in Tätigkeit setzte«; da führt der »Todesherbeiführer« eine arg papierene Existenz und bitten »behördlicherseits erstellte Abflußrinnen« um ein Lächeln. Böll, Romancier mit Humor, ist nicht so gut, wenn er sich in Wort-Spielen und Sprach-Scherzen ergeht (»da hier nicht ge-, sondern berichtet werden soll«; »nicht nur Akt- auch Passiva«; »Ein- und Ehe-brecher«). Das geht bis zur bewußten Zweideutigkeit des Wortes »bumsen« im entscheidenden Augenblick. Tötges kommt in der Hoffnung auf ein Interview in die Wohnung der Katharina Blum: »›Mein Blümelein – ich schlage vor, daß wir jetzt erst einmal bumsen‹ ... und ich dachte: ›Bumsen, meinetwegen‹, und ich hab die Pistole rausgenommen und sofort auf ihn geschossen.« Von unfreiwilliger Komik sind bei einem Erzähler, der eine wunderbar scheue Liebesgeschichte der neuen, sanften Art entwerfen kann, Wendungen für weniger zärtliche Begegnungen: »Als jener einmal sie nicht gerade verführen, aber doch erheblich mit ihr flirten wollte« (wie denn Böll überhaupt, in diesem sich auf Verhörprotokolle berufenden Text, eine auffällige Vorliebe für das aus der Kameralsprache der Kanzleien des Barockzeitalters stammende Adjektiv »erheblich« hat).

Ironie und kunstvoll verwirrte Chronologie der Erzählung stehen in befremdlichem Mißverhältnis zu der Beteuerung: »Hier soll absolute Gerechtigkeit walten« und zu der Bescheidung auf die »Pflicht der Berichterstattung«. Hätte ein trockenerer Ton hier nicht eher die »Zeugniskraft«, von der Böll einmal spricht? Die Frage gilt auch für die Kolportagezüge der Geschichte. Die sich prügelnden Manager, der Molotow-Cocktails bastelnde Industrieanwalt – kleinbürgerliche Wunschträume.

Daß Böll sich mit seiner Erzählung, wie es der Titel ausspricht, in eine Tradition stellt, sei wenigstens angedeutet. Die im Mummenschanz des Karnevals ausbrechende Mord- und Kriminalgeschichte zwingt Lebenslust und Todesqual in den barocken Kontrast, den auch Zuckmayers ebenfalls am Rhein spielende *Fastnachtsbeichte* (1959) nutzt. Wichtiger ist für Böll Schillers Vorbild in der 1786 erschienenen »wahren Geschichte« vom »Verbrecher aus Infamie«, die seit der 1792 überarbeiteten Fassung den berühmten Titel trägt: *Der Verbrecher aus verlorener Ehre*. Von Schiller übernimmt Böll vier zentrale Motive: den Handlungsantrieb, verlorene Ehre wiederzugewinnen; die moralische

Erkenntnis, der Verbrecher sei, wie Schiller sagt, »ein Mensch ... wie wir«; die Verschiebung des Akzents einer Kriminalgeschichte vom äußeren auf das innere Geschehen (Schiller: »Das bloß Abscheuliche hat nichts Unterrichtendes für den Leser«; Böll: »Es soll hier nicht so viel von Blut gesprochen werden ... auch die Darstellung körperlicher Gewalt soll ... auf ein Minimum beschränkt werden ...«).

Der – historische – Räuber Johann Friedrich Schwan, Sohn eines Gastwirts, dessen Geschichte Schiller erzählt, wird ein halbes Jahrhundert später, in dem 1854 erschienenen, viel gelesenen Roman von Hermann Kurz, *Der Sonnenwirt*, was auch Bölls Mörderin aus verlorener Ehre von Beruf ist: Hausknecht.

Schließlich werden – bei Schiller und bei Böll – Gerichtsverhandlung und Urteilsspruch ausgespart. Darin liegen, trotz Einwänden, Wert und Rang von Bölls Erzählung in diesen Monaten vor den großen Baader-Meinhof-Prozessen: Der Leser ist aufgerufen, selbst nachzudenken über Schuld und Sühne und über die gefährliche Krankheit unserer Zeit – Gewalt, wie sie entstehen und wohin sie führen kann.

b) Wolfram Schütte: Notwehr, Widerstand, Selbstrettung

[...] Wie in vielen seiner Erzählungen und Romane – zuletzt im *Gruppenbild mit Dame* und dessen utopisierendem Schlußtableau – verschmäht der Erzähler Böll auch hier nicht melodramatische und triviale Momente, die in unserer bürgerlichen Hochliteratur streng verpönt sind. Aber durch solche ästhetischen Unreinheiten, die als »künstlerische Schwäche« auslegen mag wer will, verdichtet Bölls Poesie gerade ihre moralische Verbundenheit mit den alltäglichen Erfahrungen in der wirklichen Gesellschaft, deren Bild er nie ganz, nie rest- oder schlackenlos in »Kunst« überführt.

Diese »Schwäche« ist auch wieder seine Stärke in der *Verlorenen Ehre der Katharina Blum*. Wie schon im *Gruppen-*

bild, wo der Verfasser sich immer wieder zu Wort meldet und, selbst in Lenis Lebensgeschichte verwickelt, sie aus vielen Zeugnissen, Dokumenten, Interviews zusammensetzt, ist auch die *Katharina Blum* als Bericht eines ungenannten, allerdings nicht ins Geschehen eingreifenden, es aus verschiedenen »Quellen« rekonstruierenden Erzählers verfaßt. Er läßt jedoch den Leser immer wieder an seinen Gestaltungsproblemen teilnehmen, arbeitet mit wörtlichen Zitaten aus Protokollen und Berichten. Gleich zu Anfang schreibt er: »Wenn der Bericht – da hier soviel von Quellen geredet wird – hin und wieder als ›fließend‹ empfunden wird, so wird dafür um Verzeihung gebeten. Angesichts von ›Quellen‹ und ›Fließen‹ kann man nicht von Komposition sprechen, so sollte man vielleicht statt dessen den Begriff der Zusammenführung (als Fremdwort dafür wird Konduktion vorgeschlagen) einführen, und dieser Begriff sollte jedem einleuchten, der je als Kind (oder gar Erwachsener) in, an und mit Pfützen gespielt hat, die er anzapfte, durch Kanäle miteinander verband, leerte, ablenkte, umlenkte, bis er schließlich das gesamte, ihm zur Verfügung stehende Pfützenwasserpotential in einen Sammelkanal zusammenführte, um es auf ein niedrigeres Niveau ab-, möglicherweise gar ordnungsgemäß oder ordentlich, regelrecht in eine behördlicherseits erstellte Abflußrinne oder in einen Kanal zu lenken. Es wird also nichts weiter vorgenommen als eine Art Dränage oder Trockenlegung. Ein ausgesprochener Ordnungsvorgang!«

Ich habe diese Passage so ausführlich zitiert, weil sie mehrerlei zeigt: die Reflexion des Berichterstatters über seine Darstellungsprobleme und deren spielerisch-ironische Veräppelung; weiterhin: wie Böll hier die schon trivial gewordene poetische Metaphorik von »Quellen«, die »fließen«, beim Wort nimmt und seinerseits sie bewußt trivialisiert, indem er sie auf das »unpoetische«, »schmutzige«, »triviale« Bild von den »Pfützen« schief abrutschen läßt; und wie er dann diesen semantisch-metaphorisch-poetologischen Exkurs dazu verwendet, um sich über Ordnungsvorgänge, ordnungsgemäßes und ordentliches Verhalten lustig zu machen.

Die anarchistische Karnevalistik dieser Erzählweise bildet ihren spezifischen Charakter aber nicht nur aus solchen Plebejisierungen hoher Metaphorik; öfter noch ergibt sich Komik, Sprachkomik aus den eingesprengselten Begriffen und Stilfiguren der Amts- und Juristensprache, aus Zitaten, mit denen alltägliche Redewendungen in den Berichtstil Eingang finden.

Die Wahl einer sprachhumoristischen Darstellung, die noch durch den umständlichen, mit Rück- und Vorverweisen und Anspielungen arbeitenden Erzähler verstärkt wird, war um so notwendiger, als es Böll durchaus Ernst mit seiner Geschichte von der »verlorenen Ehre der Katharina Blum« ist. Das signalisiert allein schon der Untertitel der Erzählung: »Wie Gewalt entstehen und wohin sie führen kann.«

Das klingt nach Chronik, nach dem didaktischen Tendenzgehalt einer fabula-docet[1]-Geschichte. Und das ist hier auch gemeint und gewollt. Die Gewalt, von der die Rede ist, geht von der Presse aus und führt Katharina Blum zum Mord. Er ist ein Akt der Notwehr: gegen die unmittelbare Drohung des Mannes und gegen die zerstörerische, ehrverletzende Macht der Presse. Katharina, von der Justiz und der Polizei verlassen, die ihr den Schutz verweigern, der ihr zuständig, ja die sich sogar an der Hetze gegen sie beteiligen, weiß sich nicht anders zu helfen, als derart. Welche Folgen der Mord ohnehin als seine Vorgeschichte auch auf andere Beteiligte hat, zeigt sich am Niedergang Blornas, an Katharinas Mutter, die stirbt. Ein Stein, in Wasser geworfen, zieht Kreise.

Aber eine mögliche rationalistische Trockenheit der Beweisführung, auch ein vielleicht allzu direkt prononciertes Pathos nämlich: das der verfolgten Unschuld, wird durch Bölls humoristisch verwilderte Chronik erzählerisch aufgelockert, keineswegs allerdings in seiner zeit- und presse-

1. *Fabula docet:* die Fabel lehrt bzw. die Moral von der Geschichte ist.

kritischen Tendenz verwässert. Bölls oder seines Erzählers Sprachhumoristik, die immer auch Sprachkritik auf verschiedenen Ebenen ist, stellt sich aber nicht als bloßer formalistischer Paravent vor die Geschichte, die hier erzählt wird. Sie steht in notwendigem Zusammenhang mit ihr.

Denn nicht nur ist die Presse Gegenstand der Kritik – und damit deren hauptsächliches Mittel, die Sprache, die sie als Waffe, als Totschläger und Aufputschmittel benutzt: Böll in der Nachfolge von Karl Kraus[2] –, sondern auch Katharina Blum hat eine sehr bestimmte, sehr genaue Sensibilität für die Wahrheit und Lüge der Sprache. Schon während der Vernehmung besteht sie, zum Ärger der Beamten, immer wieder darauf, daß ihre menschlichen Beziehungen zu ihrem ersten Mann und zu den Blornas durch das adäquate Wort wiedergegeben werden. [...]

Aufgrund einer gewissen immanenten Sprachlogik – fast könnte man von einem automatischen Analogieschluß sprechen – reagiert denn auch Katharina auf Tötges sexuelle Aufforderung zum »Bumsen« mit deren übersetzter Ersatzhandlung, dem Bumsen, dem Schuß aus der Pistole.

Es wäre oberflächlich, darin nur eine lässige, feuilletonistische Pointe zu sehen: denn die ganze pressekritische, humoristische und auch satirische Argumentation des Buches bewegt sich konsequent auf diesen Augenblick zu. In ihm bringt Katharina Blum den aggressiven Charakter des Sexualjargons auf seinen hintergründigen Begriff; und die totschlägerische Mischung des *Bild*-Zeitungsunstils – Aggression und spießerhafte Geilheit – kehrt sich gegen einen seiner Erzeuger. Katharina ist Opfer, aber auch Selbststretterin. Böll gibt diesem Akt des moralischen Widerstands, der tätlich wird, weder die Gloriole des Märtyrertums, noch hebt er den Zeigefinger, nicht den liberalen (»Das geht denn doch zu weit«), nicht den linken (»Falsche individualistische Aktion«). Erstaunlich genug, daß man sich Katharina Blum glücklich vorstellen muß: ohne Reue.

2. Karl Kraus (1874–1936), Schriftsteller und einer der bedeutendsten deutschen Sprachkritiker, der für die Reinheit der deutschen Sprache kämpfte.

c) Dorothee Sölle:
Heinrich Böll und die Eskalation der Gewalt

[...] Kriminalität als übermäßige Reaktion auf bestimmte gesellschaftliche Zwänge ist ein klassisches literarisches Thema. Der Rang einer solchen Geschichte bemißt sich an einem traditionellen, gleichwohl für das Erzählen unentbehrlichen Maßstab: dem Verhältnis, in das das Besondere, Individuelle, Zufällige zum Allgemeinen, gesellschaftlich Relevanten, jeden Betreffenden tritt. Dieses Allgemeine ist nun nicht ein sich Gleichbleibendes, Ewig-Menschliches, sondern eine geschichtlich konkrete Situation, und die Schärfe, in der ihre Widersprüche erfaßt werden, entscheidet mit über den Rang solcher realistischen Literatur. Man verzeihe den ästhetischen Umweg, den ich brauche, um zu sagen, daß Heinrich Böll die kleine Anzahl klassischer (nämlich das Allgemeine in der unerhörten einzelnen Begebenheit artikulierender) Geschichten in deutscher Sprache um eine vermehrt hat. Er hat eine wahre, bittere und heitere, zusammengenommen eine »schöne« Geschichte geschrieben.
Die Beziehung dieser Erzählung zur Tradition ist keineswegs zufällig, sondern poetisch sehr bewußt. Das zeigt sich vor allem an der Sprache, die in zwei Richtungen hin Erweiterungen vornimmt. Die eine Tendenz zielt auf vulgäre, lange Zeit nicht-literaturfähige Sprache, mit Wörtern wie »ficken, bumsen, Sexklemmer« usw.; die andere auf vergessene traditionelle Sprache, die Wörter wie »Ehre, gütig, Zärtlichkeit, innig« kannte. Beide Formen der Einbeziehung geschehen bewußt und reflektiert. [...]
Böll ist ein realistischer Schriftsteller, der bestimmte Formen der Problematisierung des Erzählens (XY soll gesagt haben, Aussage und Widerruf) und der Rolle des Erzählers pflegt, ohne sie doch in einer Art Verzweiflung am Erzählen zu totalisieren. Das in *Gruppenbild mit Dame* mitunter etwas mühselige Spiel mit dem »Verf.« hat er hier aufgegeben zugunsten einer größeren Souveränität im Umgang mit

dem aus verschiedenen Quellen zusammengetragenen Stoff und einer größeren Freiheit in der Annahme der problematischen Rolle, Erzähler, Autor, Erfinder, Regisseur und Berichterstatter zugleich zu sein. Er hat ältere Erzähltechniken – innerer Monolog, direkte Rede, Beschreibung – reduziert und ist immer indirekter geworden.

Diese stärkere formale Distanz steht in einer bewußten Spannung zur Eskalation im Motiv. Der *Clown* sang noch gregorianisch aus Protest, die Gruhls in *Ende einer Dienstfahrt* verbrannten einen Dienstwagen, Leni im *Gruppenbild* liebte einen russischen Untermenschen – erst die proletarische Heldin Katharina Blum handelt direkt und erschießt planvoll und reuelos einen Vertreter der ihr Leben zerstörenden Gewalt. So läßt sich an der Entwicklung eines Schriftstellers die gesellschaftliche Eskalation der Gewalt ablesen. [. . .]

Böll baut ein realistisches 1984 auf, in dem die Polizei die Außenkontrolle, die Überwachung der Bewegungen, Gespräche, Telefone regelt und *Bild* die Innenkontrolle, die Herstellung der Informationen, Emotionen und Wünsche macht. Beide Kontrollen und ihr Zusammenspiel sind total. [. . .]

So bitter diese Geschichte ist, so verbreitet sie doch eine Art Heiterkeit, die weniger mit »Humor« als mit »Katharsis«[3] zu tun hat. Vielleicht hängt es damit zusammen, daß Böll, wie die Revolutionäre vor der Revolution, ein unbeirrtes Vertrauen in das Volk setzt. Eine Gestalt wie Katharina, die »zwei lebensgefährliche Eigenschaften hat: Treue und Stolz«, spricht eine Hoffnung auch in der Zeit der Eskalation der Gewalt aus. Ihre Aktion bleibt zwar, wie die aller Böllschen Helden, »kleinbürgerlich-anarchistisch«, aber als Person geht sie in ihrem Handeln nicht auf. Auch das Erzählen geht nicht in der Analyse struktureller Gewalt auf, sondern zeigt, welche Widerstände sie hervorruft. Ein realistisches Erzählen ist ohne Hoffnungen nicht denk-

3. Reinigung, Läuterung, Befreiung.

bar. Aber kann es sie auch vermitteln? Diese grundlosen Hoffnungen darauf, daß Ehre, Treue und Stolz sein werden, daß Identität sich auch, wo sie durch Gewalt atomisiert wird, behauptet – lassen sie sich an die immer hoffnungsärmeren weitergeben? Sicher nicht in einer Begriffssprache, sicher nur in einer Erzählsprache. Auch die Theologie wird heute narrativ werden. Und ein Autor, dessen Frömmigkeit nicht einmal durch intensive Beschäftigung mit den Kirchen kaputtgegangen ist, wird weitererzählen, Bitteres heiter erzählen. [...]

d) Joachim Kaiser: Liebe und Haß der heiligen Katharina

Das große Publikum hat Heinrich Böll mit seinen Satiren und Kurzgeschichten gewonnen (*Dr. Murkes gesammeltes Schweigen, Nicht nur zur Weihnachtszeit*). Für den literarischen Ruhm, was immer das sei, und den Nobelpreis sorgten gewiß mehr noch die Romane, deren Erscheinungsdaten von *Und sagte kein einziges Wort* bis zum *Gruppenbild mit Dame* mittlerweile zu Stationen der neueren deutschen Literaturgeschichte wurden.

Darüber hinaus hat Böll seit 1964 noch eine dritte, freie Prosa-Form entwickelt: große Erzählungen, die ihre Welt immer milder und zugleich immer wilder darstellen, bloßstellen. Idyllen mit heftig anarchistischer Tendenz wie die Erzählung *Entfernung von der Truppe* oder *Ende einer Dienstfahrt*. In *Entfernung von der Truppe* bediente sich Böll origineller Stilmittel. Der Erzähler stellte nur punktuell, gleichsam zum Ausfüllen und Weiterempfinden, zugleich verletzt und verspielt die Hauptstationen dar. Held war ein tiefbeschädigtes, ungebeugtes Ich. In einer finsteren Gegenwelt (Nazismus, Krieg, Nachkriegsrestauration) erfuhr dieses Ich die sakramentale, reinigende Liebe als himmlisches und die Schikanen der Umwelt als höllisches Geschenk.

Bölls neueste, anarchische Idylle heißt: *Die verlorene Ehre der Katharina Blum – oder: Wie Gewalt entstehen und wo-*

hin sie führen kann. Böll wiederholt hier ziemlich genau die Techniken der *Entfernung von der Truppe.* Also: wieder ein Erzähler, freilich nur ein Berichterstatter, der souverän, leichthin, manchmal sogar selbstkritisch Auskunft gibt über seine keineswegs chronologisch geordneten epischen Handgriffe. Diesmal eine Heldin, die, einer Heiligen gleich, die Gnade einer großen plötzlichen Liebe erfährt. (»Mein Gott, er war es eben, der da kommen soll – und ich hätte ihn geheiratet und Kinder mit ihm gehabt.«) Und wieder eine finstere Gegenwelt: diesmal aber die des alles mit Lüge und Gemeinheit überziehenden *(Bild-)*Zeitungs-Journalismus, gegen den die heilige Katharina sich zur Wehr setzt, indem sie einen Reporter erschießt.

1972 erschien im Kiepenheuer & Witsch-Verlag eine Dokumentation. Sie hieß *Heinrich Böll: Freies Geleit für Ulrike Meinhof – Ein Artikel und seine Folgen.* Auf 192 eng gedruckten Seiten waren da die vielen Dutzend Aufsätze, Schriften, Interviews, Schmähungen und Auseinandersetzungen gesammelt, die mit Bölls *Spiegel*-Aufsatz *Will Ulrike Gnade oder freies Geleit?* zusammenhingen. Die *SZ* druckte damals nicht nur Bölls ausführliche Antwort auf zahllose Angriffe, meist haßerfüllte Reaktionen vor allem der Springer-Presse, ab (Heinrich Böll: *Man muß zu weit gehen, SZ* vom 29./30. 1. 72), sondern auch einen Leserbrief Bölls und sein Gedicht *Gib Alarm!* (3. 2. 72). Aus seiner damaligen Erregung, seinem damals gewonnenen oder heftig bestätigten Abscheu hat nun Böll eine Erzählung gemacht. Aber so berechtigt die objektiven und subjektiven Voraussetzungen der Böllschen Wut auch sein mögen: Über die literarische Wahrheit dieser nun mit allergrößter, vom *Spiegel* vervielfachter Publizität zustande gekommenen Erzählung besagen solche Voraussetzungen nichts.

[...]

Frei wird Böll immer nur da, wo er jenseits der Konstruktion fabuliert, Haltungen und Empfindungen entdeckt, wenn er etwa, ein Poet moderner Einsamkeit, die ziellosen Autofahrten im Regen beschreibt, die Katharina so macht. Und wenn er ausmalt, wie scheußlich die wohlbekannte Umgebung plötzlich wirken kann auf einen Verstörten. Oder wenn er satirisch erwägt, welchen psychischen Problemen offizielle Telephon-Abhörer sich ausliefern (wovon schon die Novelle *Als der Krieg ausbrach* effektvoll handelte).

Aber sonst? Noch nie hat Böll so hemdsärmelig, ja so schlampig geschrieben wie im ersten Teil dieser Erzählung. Traut sich kein Lektor mehr an seine Manuskripte? Falsche Parenthesen; in einem Satz steht zweimal »er«, aber es sind verschiedene Personen damit gemeint; »regelrecht« erscheint als regelrechtes Obsessions-Flickwort ... Dabei wimmelt es von absichtslosen Wiederholungen. »Man kann getrost annehmen, daß, wenn Beizmenne diese Frage gestellt hat, von diesem Augenblick an keinerlei Vertrauen mehr zwischen ihm und Katharina entstehen konnte. Die Tatsache, daß es tatsächlich ...« Nur wenn Katharina selber spricht oder ihr Verhalten direkt dargestellt wird, ist alles besser oder gut. [...]

Doch die Novelle wird von Katharinas Ton nur allzu wenig geprägt. Denn statt auf einen betroffenen oder leidend-ironischen Erzähler treffen wir auf eine manchmal fad witzelnde *Man-Haltung* (»Das sollte doch noch einmal hervorgehoben werden, denn man kann da nie sicher sein«). So findet die Novelle keinen eigenen Erzähl-Ton, sie bedient sich nur teils des Verehrungs-, teils des Abscheu-Affekts. Aber der bloße Abscheu erklärt nichts und erbringt nichts. Heißt es denn, etwas riskieren oder etwas erklären, wenn alles darauf hinausläuft, daß die Journalisten der ZEITUNG lügen, daß anderswo vielleicht ein wenig mehr die Wahrheit gesagt werde, aber nutzlos, denn alle Leute lesen doch nur *Bild*? Vornehme Verachtungshaltung gegenüber der »Springer-Presse« ist längst zum Alibi für sämtliche (mehr oder weniger bescheideneren) Schweinereien des übrigen Journalismus geworden: da können auch noch die letzten mit demokratischem Tugendmut schimpfen – froh, nicht so zu sein wie diese Teufel ... Eine solche Haltung mag in einem pressekritischen soziologisierenden Essay präzisierbar sein: in einer Novelle, die leider nicht nur vom Opfer handelt, sondern auch von Tätern und von der Umwelt, wirkt es steril vornehm, wenn die Schlechtigkeit der einen Seite vorausgesetzt wird. [...]

3. Pro und contra zu einem klassischen Gedicht (Friedrich Schiller: Das Lied von der Glocke)

Die Geschichte der Schiller-Beurteilung ist recht gegensätzlich. Besonders im 19. Jahrhundert reicht die Skala der Urteile von überschäumender Begeisterung und grenzenloser Verehrung für den »Lieblingsdichter der Nation« bis zur höhnischen Verachtung und Verspottung des »anmaßenden ohnmächtigen Moraltrompeters« (Nietzsche) und des »schulphilosophierenden Rauschlyrikers« (Dühring). Im folgenden wurden eine Reihe unterschiedlicher Urteile aus mehr als zweieinhalb Jahrhunderten über Schillers »Lied von der Glocke« zusammengestellt. Norbert Oellers schreibt: »Kein anderes Gedicht Schillers war bekannter und beliebter. Und auch die Wissenschaft stand nicht hintan: In den Jahren 1894–99 wurden über das Gedicht mehr Untersuchungen veröffentlicht als über jedes andere Schiller-Gedicht; zu keiner späteren Zeit hat, so scheint es, die Identifikation eines Standes oder gar einer Klasse mit der poetischen Bestimmung einer standes- oder klassenspezifischen Lebensauffassung so mühelos funktioniert wie am Ende des 19. Jahrhunderts im Fall des Glockenliedes.«[4]

a) August Wilhelm Schlegel (1800)

Als Schillers »Lied von der Glocke« im Musenalmanach für das Jahr 1800 erstmals erschien, forderte das Gedicht den

4. Schiller – Zeitgenosse aller Epochen. Dokumente zur Wirkungsgeschichte Schillers in Deutschland. Hrsg. von N. Oellers. Teil II. München 1976. S. XXXIII.

ungeheuren Spott der Schlegels heraus. Caroline Schlegel, die berichtet, sie seien beim Lesen vor Lachen fast von den Stühlen gefallen, urteilt über die »Glocke«: »Die ließe sich herrlich parodieren.«⁵ Ihr Mann August Wilhelm faßt seine Kritik in Spottgedichten zusammen.

Das Lied von der Glocke
A propos de cloches

Wenn jemand schwatzt die Kreuz und Quer
Was ihm in Sinn kommt ungefähr,
Sagt man in Frankreich wohl zum Spotte:
»Il bavarde à propos de bottes.«
Bei uns wird nun das Sprüchwort sein:
»Dem fällt bei Glocken vieles ein.«
Der Dichter weiß ins Glockengießen
Das Los der Menschheit einzuschließen.
Er bricht die schönen Reden, traun!
Vom Glockenturm, und nicht vom Zaun.

Der idealische Glockengießer

Nicht Zinn und Kupfer, nach gemeiner Weise,
Nein, Wortgepräng' und Reim, mühsam in eins verschmelzt,
Bis sich die zähe Mass' in Strophen weiterwälzt:
Das ist im Glockenlied die edle Glockenspeise.

b) Wilhelm von Humboldt (1830)

Die wundervollste Beglaubigung vollendeten Dichtergenies aber enthält das *Lied von der Glocke*, das in wechselnden Silbenmaßen, in Schilderungen der höchsten Lebendigkeit, wo kurz angedeutete Züge das ganze Bild hinstellen, alle Vorfälle des menschlichen und gesellschaftlichen Lebens

5. Caroline. Briefe aus der Frühromantik. Nach G. Waitz vermehrt hrsg. von E. Schmidt. Bd. 1. Leipzig 1913. S. 570 u. 592.

durchläuft, die aus jedem entspringenden Gefühle aus-
drückt und dies alles symbolisch immer an die Töne der
Glocke heftet, deren fortlaufende Arbeit die Dichtung in
ihren verschiednen Momenten begleitet. In keiner Sprache
ist mir ein Gedicht bekannt, das in einem so kleinen Umfang einen so weiten poetischen Kreis eröffnet, die Tonlei-
ter aller tiefsten menschlichen Empfindungen durchgeht
und auf ganz lyrische Weise das Leben mit seinen wichtigsten Ereignissen und Epochen wie ein durch natürliche
Grenzen umschlossenes Epos zeigt. Die dichterische Anschaulichkeit wird aber noch dadurch vermehrt, daß jenen
der Phantasie von ferne vorgehaltenen Erscheinungen ein
als unmittelbar wirklich geschilderter Gegenstand entspricht
und die beiden sich dadurch bildenden Reihen zu gleichem
Ende parallel nebeneinander fortlaufen.

c) Jakob Grimm (1859)

*In einer »Rede auf Schiller« nennt Jakob Grimm »Die
Glocke« »das Beispiel eines unvergleichlichen Gedichts,
dem andere Völker von weitem nichts an die Seite zu stellen« hätten.*

Welchen ausländischen Mann nun heute sein Weg durch
Deutschland an einem oder dem andern Ende geführt hätte,
seinem Blick wären in allen oder fast allen Städten festliche
Züge heiterer und geschmückter Menschen begegnet, denen
unter vorgetragnen Fahnen auch ein prächtiges Lied von
der Glocke erscholl, selbst dramatisch dargestellt wurde.
Der frohernste Gesang, die gewaltige Fassung, hätte ihm
jeder Mund berichtet, sei von unsrer größten Dichter einem,
dessen vor hundert Jahren erfolgte Geburt an diesem Tage
eingeläutet und begangen werde. Glocken brechen den Don-
ner und verscheuchen das lange Unwetter. Ach könnte doch
auch, wie mit jenen Blumen das Unheil entfloß, an hehren
Festen alles fortgeläutet werden, was der Einheit unseres

Volkes sich entgegenstemmt, deren es bedarf und die es begehrt!

d) David Friedrich Strauß (1872)

Der Religionskritiker hält im wissenschaftlichen Zeitalter Religionen für überflüssig. Für die Bedürfnisse des Gemüts wie des Geistes empfiehlt er statt Offenbarungsreligion und kirchlich gebundenem Glauben die großen deutschen Dichter. In diesem Zusammenhang rät er besonders zu einer Orientierung an Schillers »Lied von der Glocke«.

Als die Krone aller lyrischen Leistungen Schillers aber haben wir *Das Lied von der Glocke* zu betrachten, ein lehrhaftes Bild des menschlichen Lebens nach seinen verschiedenen Verhältnissen und Situationen, sinnreich an eine handwerkliche Verrichtung angeknüpft; eine Dichtung, bei deren Vortrage zwar die romantische Bande am Teetisch der Frau Caroline Schlegel in Jena, vor Lachen von den Stühlen fallen wollte, von der aber ernste unverschrobene Menschen noch werden gerührt und ergriffen werden, wenn man über die Torheiten und Bosheiten der Romantiker nicht einmal mehr lachen oder die Achseln zucken wird. Zugleich trägt das Gedicht wie kaum ein andres aufs bestimmteste den Stempel des Schillerschen Genius; so wenig wie Schiller *Hermann und Dorothea*, hätte Goethe *Das Lied von der Glocke* dichten können.

e) Eugen Dühring (1893)

Der Berliner Philosoph und Nationalökonom (bekannt durch Friedrich Engels' »Anti-Dühring« 1876–78) wandte sich in heftigen Ausfällen gegen Schillers »Spiel- und Rauschnatur«, um die Unvereinbarkeit des Schillerschen Idealismus mit der Schillerschen Weltanschauung nachzu-

weisen. Er polemisiert besonders gegen »Das Lied von der Glocke« und die darin enthaltenen Wahngebilde, die durch »die überhitzte Phantasie bei einem von Natur schwächeren oder weniger kultivierten Verstande zustande gekommen« seien.

An den gar alltäglichen Gebrauch der Turmglocke, der hauptsächlich christlich ist und sich nur nebenbei auf Feuer- und Sturmläuten erstreckt hat, knüpfte Schiller das Bild einer Anzahl von Hauptverhältnissen und Hauptvorfällen des Lebens, ja in einem gewissen Sinne ein Gesamtbild des Menschenlebens überhaupt. Das Ende vom Liede aber ist auch hier, »daß alles Irdische vergeht«. Das paßt freilich zu dem doch wohl christlichen Glockenthema, und wir dürfen uns nicht wundern, daß die einzelnen Stücke des Gedichts jenem Grundton von der Hinfälligkeit des Irdischen nicht wenig verwandt sind. Kaum zeigt sich ein Glück, so steht auch schon das Widerspiel dazu bereit. Die Wohlhabenheit muß dem Feuer anheimfallen; so ergibt sich die Gelegenheit zur Schilderung einer Feuersbrunst. Das Ideal einer bürgerlichen Hausfrau, durch dessen vorzüglich gelungene Schilderung sich Schiller in dem ganzen Gedicht wohl am meisten ausgezeichnet hat, muß sich mit dem Tode kreuzen, damit auch die Poesie der traurigen Lücke nicht fehle. Auf diese Weise werfen die Akte und Zustände des positiv befriedigenden Lebens nachträglich immer Schatten, deren verdunkelnde Rolle dem Licht jener mindestens gleichkommt. In Wahrheit handelt es sich meist nur um trübende Ausnahmen, die aber als solche in der dichterischen Auffassung nicht erscheinen. Der vorzeitige Tod der Fürsorgerin der Kinder ist der Ausnahmefall und nicht etwa das regelnde Gesetz des Familienschicksals. Ebenso ist ein Brandunglück, zumal ein solches, welches zwingt, »zum Wanderstabe« zu greifen, ein vereinzelter Fall unter vielen, selbst wenn man der alten und kleinstädtischen Auffassung gegenüber noch an keine sichernde Voraussicht denkt. Freilich »mit des Geschickes Mächten ist kein ew'ger Bund zu flechten«; aber der Bund auf Feuerversicherung braucht auch weder ewig zu sein, noch mit transzendenten Schicksalsmächten geschlossen zu werden.

Wer letztere prosaische Erinnerung als der Poesie gegenüber nicht am Platze ansehen möchte, der bedenke, bei welchem poetischen Zusammenhange sie angebracht ist. Schiller hat gegenüber der Schilderung der Frau den Mann verherrlicht, dem die schöne Rolle zufällt, zu »erlisten, erraffen«. Es sind also die bürgerlichen Geschäfts- und Erwerbsränke, die hier ganz unbeanstandet, als zum Ideal gehörig, mitgefeiert werden. Kann sich nun eine Poesie beifällig auf diesen Standpunkt begeben und, modern geredet, grade eine den Bourgeois kennzeichnende üble Eigenschaft idealisieren, so wird es wohl eine in Vergleichung hiezu unschuldige Erinnerung sein, wenn man den Erlister und Erraffer, der auf seine Habe und »des Hauses Pracht« pocht, dann aber durch Brand ruiniert wird, an jene prosaische Vorbeugung mahnt, die für den unbeweglichen Besitz schon ein sehr altes Herkommen gewesen ist. Jedoch die Hauptsache bleibt der engherzig bürgerliche Sinn, in welchen das Ideal eines sorgenden Familienvaters ausgelaufen ist. Einen ähnlichen Stempel trägt mehr oder weniger das ganze Gedicht. Überhaupt dreht es sich sozusagen um ein Kirchturmdasein privatester Art und verurteilt alle selbständigen öffentlichen Aufraffungen. Um diese letztere Tatsache, die für Schillers spätere politische Haltung nur allzu charakteristisch ist, müssen wir uns aber noch etwas eingehender bekümmern.

Die französische Revolution war schon im rückläufigen Stadium, als Schiller die darauf bezüglichen Teile seiner Glocke dichtete. »Wo sich die Völker selbst befreien, da kann die Wohlfahrt nicht gedeihen.« Diese Worte sind eine summarische Verurteilung aller Revolutionen. Wie aber Völker aus der Unfreiheit anders herauskommen sollen, als dadurch, daß sie ihre Ketten zerbrechen, davon sagt uns der Dichter nichts. Allergnädigst geschenkt kann politische Freiheit nicht werden.

f) Emil Staiger (1959)

Im Schiller-Gedenkjahr 1959 hält Staiger bei einer akademischen Feier der Universität Zürich eine Festrede über »Schillers Größe«, in der er unter anderem auch auf das »Lied von der Glocke« eingeht.

[Schiller] weiß, daß seine Domäne, das Feld seiner zuverlässigsten Meisterschaft, die Region des Erhabenen ist. Eben deshalb gebietet er sich selber, darüber hinauszukommen, die Grenzen seiner Natur zu erweitern und, ohne sich zu verleugnen, auch des Schönen[6] mächtig zu werden, nicht dessen freilich, was ein verdorbener Geschmack als schön zu bezeichnen pflegt und was, genau genommen, nur angenehm und ein Kitzel der Sinne ist, sondern dessen, was einzig den durch die antiken Meister und wieder durch Kant geheiligten Namen verdient, des Schönen, das, statt zu betören, von unsern souveränen formenden Kräften ein gültiges Zeugnis ablegt. Der Künstler, dem dieses Schöne gelingt, befreit uns, wie der Schöpfer des Erhabenen, von der Wirklichkeit, indem er sie in ein Bild umschafft, das heißt, indem er sie von uns löst, gegenübersetzt und in Schein verwandelt. [...] Noch während Schiller mit der Rechtfertigung des Schönen beschäftigt ist, entstehen die ersten nach den neuen Begriffen verantwortbaren Gedichte. Ihr Tonfall liegt uns allen im Ohr. Die meisten heutigen Leser finden ihn eher schematisch und unerquicklich: Zu deutlich prägt sich das Metrum aus, nach dem die Verse gearbeitet sind. Doch wer daran Anstoß nimmt, wer glaubt, den Dichter deshalb tadeln zu dürfen, hat seine Absicht nicht begriffen. Gerade darauf kam es ihm an, das Gleitende, Schwankende, Unfaßbare unter das Joch des Gesetzes zu zwingen. Schon diese metrisch so ausgeprägten, fast zum Skandieren verleitenden Verse vertilgen mit Willen den Stoff, das heißt, das Ungefähr des atmenden Lebens. Die Strophen vertilgen es gleichfalls, die meist so

6. Vgl. auch Staiger, S. 62 f.

regelmäßig abgegrenzt sind und den Inhalt in Gruppen und Massen von gleichem Gewicht und gleichem Umfang gliedern. Was wäre übersichtlicher, klarer erzählt als der *Ring des Polykrates*, die *Bürgschaft* oder der *Kampf mit dem Drachen*? Was sicherer auseinandergelegt als der verzweigte Zustand der deutschen Bürgerlichkeit im *Lied von der Glocke*, in diesem Wunder großräumiger Planung, das mit dem Gemälde der Stadt und des Hauses, der Kindheit und Jugend, des Glücks und des Todes den Vorgang des Glockengusses verbindet und beides so rein ineinanderschmiegt daß niemand mehr die Fugen bemerkt und alles sich selbstverständlich ergibt, als habe hier keine Bildnerhand mit straffen Sehnen den Meißel geführt? Dasselbe gilt von jenen Sentenzen, die ein Ereignis oder einen Gedanken unwiderruflich besiegeln und nun seit mehr als eineinhalb Jahrhunderten als geflügelte Worte weitergegeben werden »Der Not gehorchend, nicht dem eignen Trieb«, »Spät kommt ihr, doch ihr kommt«, »Die Axt im Haus erspart den Zimmermann«. Man nennt das heute zu rasch trivial Es lag dem Dichter zweifellos näher, sich tief und schwerverständlich zu äußern. Der fest umrissene, jedermann faßliche, handliche Satz dagegen war für ihn eine Errungenschaft, eine der Furchterscheinung, dem Wirrsal entrissene Trophäe – weshalb er denn auch vom *Wallenstein* bis zum *Wilhelm Tell* immer einfacher wurde, immer planer und populärer, bis eine sogar dem schlichtesten Mann einleuchtende Evidenz erreicht war.

Bis in die Gegenwart dauert die Auseinandersetzung um die Bedeutung Schillers und den Wert seines Glockengedichts fort. Als der Insel-Verlag 1966 eine vierbändige Schiller-Auswahl veröffentlichte, in der die bekanntesten Gedichte fehlten, protestierten Leser und Kritiker heftig. Vor allem das Fehlen des »Liedes von der Glocke« wurde gerügt, so daß der Verlag schließlich das Gedicht kostenlos als Sonderdruck verteilen ließ. In der Wochenzeitschrift »Die Zeit«

fand eine ausführliche Diskussion über den von Hans
Magnus Enzensberger herausgegebenen Band der Schiller-
Gedichte statt, durch die der Herausgeber sich zu einer mit
einer eingehenden Deutung des Glockenliedes verbundenen
Rechtfertigung veranlaßt fühlte.

g) Marcel Reich-Ranicki (1966)

Die Klassiker seien »im Krieg gestorben. Sie gehören unter
unsere Kriegsopfer. Wenn es wahr ist, daß Soldaten, die in
den Krieg zogen, den *Faust* im Tornister hatten – die aus
dem Krieg zurückkehrten, hatten ihn nicht mehr.« Also
sprach Brecht im Jahre 1929.
Wie wir wissen, war er nicht ganz im Recht. Die deutschen
Klassiker, die bedeutendsten zumindest, gehörten nicht zu
den Opfern des Ersten Weltkrieges, sondern eher schon zu
jenen, die aus ihm glücklicherweise Profit gezogen haben.
Denn damals merkte man, daß es höchste Zeit war, das
Verhältnis zu ihnen zu überprüfen. Also sie ernst zu nehmen. Nicht die Klassiker waren gestorben, wohl aber wurde
die seit Generationen übliche Klassikerverehrung in Frage
gestellt. Der vor rund einem halben Jahrhundert begonnene
Revisionsprozeß dauert immer noch an.
Am wenigsten trifft Brechts Diagnose gerade auf denjenigen zu, gegen den er sich am heftigsten gewehrt hat: auf
Schiller. Nach 1945 zeigte sich zwar erneut, daß vieles im
Schillerschen Werk für uns lächerlich und unerträglich ist.
Doch zeigte sich auch, daß wir es dennoch kaum entbehren
können. Und daß es sich leicht verspotten und schwer ersetzen läßt. [...]
Schiller ist weder der erste noch der letzte große deutsche
Dichter, dem seine schwächeren Arbeiten – zu denen wir
ohne Skrupel auch die populären Balladen zählen dürfen –
mehr Ruhm eingebracht haben als seine bedeutenden Schöp-
fungen. Man braucht Enzensberger nicht zu sagen, daß dies,
beispielsweise, auch für Heine und für Rilke gilt.

33

Hinzu kommt, daß seit Schillers Lebzeiten gerade seine Balladen ständig mißbraucht wurden, längst abgegriffen und abgeleiert sind und jenen Teil seines Werks bilden, der in der Vergangenheit am stärksten auf das Publikum gewirkt und die Vorstellung vom Dichter Schiller im allgemeinen Bewußtsein geprägt hat. Bestimmt ist unser Verhältnis zu seinen Balladen in hohem Maße revisionsbedürftig – wobei ich freilich gleich bemerken möchte, daß ich, mit Verlaub, die *Kraniche des Ibykus* immer noch für ein gutes Gedicht halte.

Über Enzensbergers Gedicht-Ausgabe schreibt
Reich-Ranicki:

Die *Glocke* oder die *Bürgschaft*, Dichtungen also, aus denen das deutsche Bürgertum seine Lebensmaximen anderthalb Jahrhunderte lang zu beziehen gewohnt war, haben es – wie immer man diese Verse beurteilen mag – auf jeden Fall verdient, dem zweiten oder, meinetwegen, dem hundertsten Blick ausgesetzt zu werden. Ein Herausgeber, der diese und ähnliche Balladen kurzerhand entfernt, macht sich, befürchte ich, seine Aufgabe zu leicht: Statt das überkommene Schiller-Bild zu korrigieren, ignoriert er es. Statt zu revidieren, liquidiert er.
Damit ist nichts gewonnen und manches verloren. Schließlich bleibt die deutsche Schiller-Rezeption in der Vergangenheit ohne Kenntnis eben der *Glocke* unverständlich [...].
Für jene wiederum, an die der Verlag doch wohl vor allem gedacht hat – für Studenten und Schüler, für Lehrer und Bibliothekare –, ist diese Ausgabe, über die auch manches Gute zu sagen wäre, darum leider unbrauchbar. Denn vorerst wollen auf Schillers Balladen weder die Universitäten noch die Schulen verzichten. Und sie haben, denke ich, trotz allem recht.

Schiller hat bekanntlich die deutsche Sprache und Literatur bereichert, wie es sonst nur noch die Bibel und allenfalls Luther und Goethe taten.

Es ist klar, daß Schiller aus der Geschichte nicht nur der deutschen Literatur, sondern des deutschen Lebens – fast hätte ich geschrieben: »des deutschen Heimes«, und es wäre etwas peinlich, aber zutreffend gewesen – auch deshalb nicht mehr wegzudenken ist, weil seine bekannteren Werke längst ihr eigenes Leben angetreten haben. Wer da etwa den *Don Carlos* ausließe, der »rächte« sich nicht an Generationen von Lehrern, die ihn ihren Chargen einpaukten, sondern an eben Fritz Reuter und Thomas Mann und manchem anderen, mit dem er gar nicht hadern wollte.

Wer die Bibel herausbringt, redet noch lange nicht der Religion das Wort. Er kann sogar Atheist sein; aber er darf das Hohelied nicht einfach weglassen, weil es ihm nicht gefällt oder weil es so oft nachgeahmt worden ist. Auch auf Gedichten wie *Das Lied von der Glocke* oder *Der Graf von Habsburg* bestehen, heißt noch lange nicht, dem Schiller-Bild des deutschen Bildungs-, aber auch Klein- und Spießbürgers wilhelminischer Prägung das Wort reden. Daß Enzensberger diesen Schiller nicht mag, wird ihm niemand verübeln. Aber der Hofrat war nun einmal ebensowenig ein Revoluzzer oder auch nur Existentialist wie sein Freund, der Geheime Rat, aus dessen Werk man *Hermann und Dorothea* ebenfalls nicht gestrichen sehen möchte, trotz allen Unfugs, der damit getrieben wurde.

Zur Eigengesetzlichkeit des Nachruhms der Klassiker gehört nicht zuletzt auch ihre Aufnahme in die Schullektüre, die bei Schiller zur Vertrautheit gerade mit den hier ausgelassenen Gedichten geführt hat. Der Herausgeber wird sich nicht einmal mit dem Gedanken trösten können, seinen abgestaubten Schiller wenigstens der Jugend nähergebracht zu haben, denn diese anspruchsvolle Ausgabe setzt zuviel voraus, als daß sie sich für die Schule eignete.

i) Hans Magnus Enzensberger (1966)

Das Gedicht erschien, unter dem Titel »Das Lied von der Glocke«, zum erstenmal im *Musen-Almanach für das Jahr 1800*.

Dem Werk ist auf den ersten Blick anzumerken, daß es aus zwei Strophensträngen besteht, die sich nach ihrer äußern wie nach ihrer innern Form deutlich voneinander unterscheiden. Der Autor hat diese Differenz sogar typographisch kenntlich gemacht.

Abgerückt vom Rand des Satzspiegels sind die zehn Strophen des eigentlichen »Glockengießerliedes«. [...] Nicht nur von der Entstehungsgeschichte, sondern auch von der Substanz her ist das eigentliche Glockengießerlied der primäre Bestandteil des Gedichts. Es stellt, mit großer Sachkenntnis und Sorgfalt, einen technologischen Prozeß in einzelnen dar, und zwar aus der Perspektive eines »Meisters«, der in dem Lied zugleich als Sprecher-Ich und als handelnde Person auftritt. Imperativische Formen herrschen vor: Die Aktion wird weniger beschrieben als vielmehr durch den Text selbst gewissermaßen hervorgerufen. Das Lied kann als eine Anweisung für die Gießer gelesen werden. Dieser Zug zum Konkreten kommt dem Text in mehr als einer Hinsicht zugute. Er verleiht ihm eine Autorität, die auf Sachkenntnis beruht; etwas von der handwerklichen Solidität des gezeigten Vorganges teilt sich dem Gedicht mit.

Daß der Vorgang des Glockengusses über sich selbst hinausweist, geht aus dem Text dieser zehn Strophen ohne weiteres hervor. Ein frühindustrielles Verfahren wird hier in Bezug gesetzt zu der Arbeit des Künstlers; der Autor sieht im Glockenguß ein poetologisches Gleichnis. Wo er vom »Werk«, vom »Meister«, von der »Form«, vom »Bildner« spricht, meint er immer zweierlei: den Gießer und den Dichter, die Glocke und das Gedicht. Und dem fertigen »Werk« wird in den letzten Zeilen ausdrücklich ein Auftrag mitgegeben, der über die Ästhetik hinausweist.

Es ist schade, daß der Verfasser sich mit diesem »metallnen Kern« des Gedichts nicht hat begnügen wollen. Er hielt es für nötig, das Lied zu erweitern, zu kommentieren, zu erläutern. Dies ist die Funktion des sekundären Stranges im *Lied von der Glocke*. Dem Kommentar schickt Schiller noch, in zwei besondern Strophen, eine Ankündigung und ein Resümee dessen voraus, was er vorhat. Die Ankündigung bereitet uns auf »ein ernstes Wort« vor, das sich »gezieme« »zum Werke, das wir ernst bereiten«. Dieses Werk ist ebensowohl die Glocke wie das Glockengießerlied. Diese wie jene »Arbeit« soll fortan mit »guten Reden« begleitet werden. Neben den Glockenguß soll seine Nutzanwendung, neben das Lied seine Moral, neben den technologischen und poetischen Prozeß seine Philosophie treten. Schon diese Zweiteilung stimmt bedenklich. Einem schlechten Gedicht ist, so wenig wie einer schlechten Glocke, mit »guten Reden« aufzuhelfen; ein gutes Werk kann ihrer entraten.

Solche Besorgnisse verdichten sich bei der Lektüre der zweiten programmatischen Strophe (der vierten des ganzen Gedichts), die den »Kommentar« im ganzen zugleich präludiert und resümiert. Sie zeigt gleichzeitig die Methode, die ihm zu Grunde gelegt wird: Schillers eigener Kommentar zu seinem Gedicht verfährt allegorisch. Das »Werk«, Glocke und »Glocke« zugleich, soll Taufe, Hochzeit und Beerdigung, natürliche und politische Katastrophen einläuten; auf ähnliche Weise wird das Motiv des Feuers, das zur Produktion notwendig ist, auf elementare wie auf gesellschaftliche Vorgänge übertragen.

Damit wird nun freilich ein Anspruch erhoben, dem das Glockengießerlied nicht gewachsen ist. Das Werk soll nun nicht mehr einen klar abgegrenzten Prozeß darstellen, sondern gleichsam ein Gedicht über alles sein: über Leben und Tod, Leidenschaft und Liebe, Gewinn und Verlust, Glück und Unglück, Feuer und Wasser, Ackerbau und Viehzucht, Handel und Wandel, Gut und Böse, Ordnung und Anarchie, Krieg und Frieden, Gleichheit und Freiheit, Laster und Tugend und so immer weiter und so immer fort. Schon diese Aufzählung zeigt die schlechte Universalität des Anspruchs, den der Kommentar an das Glockengießerlied stellt.

Entsprechend abstrakt bleiben die Figuren, die darin auftreten: *das* Kind, *die* Mutter, *der* Jüngling, *das* Mädchen, *der* Vater, *die* Gattin, *der* Bürger: das sind allesamt bloße Schemen. Freilich, nur allzu deutlich sind sie auf das Typische abgesehen. Aber man muß sie nur mit der Figur des Meisters vergleichen, der, obwohl ohne Namen und Individualität, kraft seines Handelns und Sprechens, das Allgemeine im Besondern, also das Typische verkörpert, um ihre Leere zu ermessen. Das Versagen des Autors verrät sich übrigens auf das schlagendste an seiner Sprache. Ein Blick auf die Adjektive, mit denen er seine Niemandsfiguren schmückt, genügt. Das Kind ist »geliebt«, der Knabe »stolz«, die Jungfrau »züchtig«, die Hausfrau dito, die Gattin »teuer«, die Mutter »treu«, der Bürger »ruhig«. Alle weiteren Bestimmungen scheinen geradezu darauf angelegt, jeder Bestimmung aus dem Wege zu gehen.

Das Debakel wiederholt sich auf der kompositionellen wie auf der philosophischen Ebene. Die Zuordnung der kommentierenden zu den beschreibenden Strophen des Liedes führt zu Ungereimtheiten und Kollisionen, weil der Fortgang der beiden »Handlungen«, hie des Glockengusses, dort des menschlichen Lebens in seiner leersten Allgemeinheit, ein und derselben Logik nicht parieren will. Auch kommt es zu Unstimmigkeiten innerhalb des Kommentars: Die Glocken- und die Feuer-Allegorie gehen nicht ohne Bruch ineinander über. Mehr als einmal greift Schillers synthetischer Jedermann zum Wanderstabe, natürlich »fröhlich«, wenn sich eine sinnvollere Überleitung nicht blicken läßt.

Ich begnüge mich mit diesen technischen Hinweisen, und ich versage es mir, gegen einen großen Autor jene Zitate aufzubieten, vor denen längst alle Parodie versagt. Auch die politischen Einsichten, zu denen Schiller im *Lied von der Glocke* gekommen ist, lasse ich unkommentiert. »Wenn sich die Völker selbst befrein, / Da kann die Wohlfahrt nicht gedeihn.« Die Zwangsvorstellungen, die den Verfasser packen, wenn er an die Französische Revolution denkt – Weiber mit Pantherzähnen zerreißen bekanntlich, »noch zuckend«, bei dieser Gelegenheit des Feindes Herz: Hans Mayer hat sie »sonderbar philiströs« genannt. Damit mag es sein Bewenden haben.

Denn selbstverständlich geht es hier nicht um Schillers politische Ansichten. Daß die so philiströs nicht waren, steht auf einem andern Blatt, auf andern Blättern, in andern Gedichten. Hier geht es um ein einziges Gedicht, um die Frage nach seinen sprachlichen und intellektuellen Qualitäten. Diese Frage ist aber entscheidbar. Zwischen dem eigentlichen Glockengießerlied und jenem Teil des Gedichts, den ich »Kommentar« nenne, zeigt sich, formal und substantiell, ein extremes Niveaugefälle. Auf der einen Seite äußerste Ökonomie, auf der anderen uferlose Sprüche; feste rhythmische Form, lustlose Reimerei; strikte Kenntnis der Sache, unverbindliche Ideologie; verschwiegene Einsicht, plakative Trivialität; Größe in der Beschränkung, aufgehäufter Plunder. An der Unvereinbarkeit des einen mit dem andern scheitert das Gedicht. Daß eineinhalb Jahrhunderte »Schiller-Pflege« die großen erotischen Phantasien verdrängt und vergessen und nichts behalten haben als zwei blöde und nichtssagende Zeilen, dies nämlich, daß vom Mädchen stolz der Knabe sich reiße und kurz darauf errötend ihren Spuren folge, ist allerdings ein Grund, schamrot zu werden. Nicht Schillern gilt diese Scham.

Damit aber verlassen wir das Gedicht, damit wenden wir uns seinen Lesern zu. Sie sind es, die *Das Lied von der Glocke* zum Hauptwerk erhoben und mit Schillers Poesie schlechthin verwechselt haben. Etwas Neues ist über diesen Vorgang wohl kaum mehr zu sagen. Bertolt Brecht hat mit Herbert Ihering darüber ein Gespräch geführt, man schrieb das Jahr 1929: und schon damals war es kaum originell, des »kritiklosen Nachplärrens« der Klassiker auf den Gym-

nasien zu gedenken, den »Besitzkomplex« Schiller und
Goethe gegenüber zu rügen und die »Rettung der Klassiker«
vor dem Spießertum zu fordern.
Doch nach wie vor wird kategorisch nach dem Dichterwort
verlangt, und zwar nach einem ganz bestimmten Dichterwort:

>   »O! daß sie ewig grünen bliebe,
>   Die schöne Zeit der jungen Liebe!«
>   »Freiheit und Gleichheit! hört man schallen,
>   Der ruh'ge Bürger greift zur Wehr.«
>   »Da strömet herbei die unendliche Gabe,
>   Es füllt sich der Speicher mit köstlicher Habe.«
>   »Weh, wenn sich in dem Schoß der Städte,
>   Der Feuerzunder still gehäuft,
>   Das Volk, zerreißend seine Kette,
>   Zur Eigenhilfe schrecklich greift!«

Daß sich eine so stürmische Nachfrage allein aus ästhetischen Quellen speist, das allerdings fällt zu glauben schwer.
Für ein Urteil über *Das Lied von der Glocke* reichen literarische Kriterien hin, für ein Urteil über seine Nachwelt
nicht.
»Eine Schiller-Ausgabe«, lese ich, »die für weite Kreise gedacht ist und auf die *Glocke* verzichtet, scheint von sno-
bistischen Kriterien dirigiert zu sein.« [...]

Dagegen lobe ich mir Marcel Reich-Ranicki. Er stellt fest,
daß es schon im Jahre 1929 »höchste Zeit war, das Verhältnis (zu den Klassikern) zu überprüfen. Also sie ernst zu nehmen.« Und er fährt fort: »Der vor rund einem halben Jahrhundert begonnene Revisionsprozeß dauert immer noch an.
Marcel Reich-Ranicki zählt Schillers »populäre Balladen«
zu »seinen schwächeren Arbeiten«; sie seien »ständig mißbraucht (worden), längst abgegriffen und abgeleiert«; er
»halte es sogar für wahrscheinlich«, daß er vieles »mit beiden Händen unterschreiben könnte«, was ich vermutlich
gegen »die von mir übergangenen Gedichte vorbringen
würde«.

Dennoch fühlt der Kritiker sich »einigermaßen übers Ohr gehauen«, wenn »er etwa ein Zitat verifizieren will und dabei feststellen muß, daß in seiner Ausgabe die meistzitierten Gedichte Schillers fehlen«.

Enzensberger wendet sich gegen eine Schiller-Auswahl, die sich am Meistzitierten orientiere und unter Umständen den unbegriffenen, den nie gepaukten Schiller unter den Tisch fallen lasse:

Heißt das einen großen Schriftsteller »ernst nehmen«, wenn man sein Werk am Büchmann mißt, statt Büchmann an seinem Werk? Schiller ist keine Zitatengrube. Nicht ernst nimmt dieses Werk, wer vor seiner Nachwelt kuscht. Ernst nimmt es, wer's gegen seine Anhänger verteidigt.

II. Texte zur wissenschaftlichen Wertungsdiskussion

A. Traditionelle Positionen

1. Leonhard Beriger: Die literarische Wertung (1938

Berigers Untersuchung ist eine der ersten umfangreicher und systematischen Darstellungen zum Wertproblem, di die subjektiven (Werterlebnis) und objektiven (wissen schaftssystematische Untersuchungen) Voraussetzungen de Wertens, die Frage der Kriterien und das Verhältnis vor ästhetischen und außerästhetischen Gesichtspunkten thema tisiert. Neben fünf ästhetischen Kriterien (Erfindung - Sprache – Symbolik – Atmosphäre – Form bzw. Gattung unterscheidet er vier außerästhetische (Weltanschauung - Ethos bzw. Persönlichkeit – das Religiöse – das Natio nale).

Subjektive und objektive Voraussetzungen der Wertung

Jedes literarische Urteil ist subjektiv und objektiv bestimmt subjektiv durch die Persönlichkeit des Wertenden, objektiv durch die literaturgeschichtlichen Grundbegriffe, deren e sich bedient. [...] Es steht außer Frage, daß ohne die heute allgemein gebräuchlichen, wenn auch verschieden aufge faßten, elementaren Begriffe der Literaturwissenschaf (Stoff, Motiv, Idee, Symbol, Form u. a.), durch deren Be stimmung diese eben als Wissenschaft konstituiert wird kein literarisches Urteil möglich ist. [...]
Jede Wertung ist ein aus der Auseinandersetzung des Urtei lenden mit dem Werk sich ergebender, einmaliger, selbstän diger, autonomer Akt, bestimmt durch geistige und seelisch Anlage, Lebenserfahrung und geistesgeschichtlichen Stand ort des Wertenden. Ein Werturteil wird sinnlos, wenn e

objektiv sein will, also etwa das Mittel aus der Summe der Urteile verschieden eingestellter Betrachter. Es ist das herrliche Vorrecht des Dichters und Künstlers, daß er sagen darf, »das Kunstwerk soll sein« und daß es unter seinen Händen und aus seinem Geiste wird. Es ist demgegenüber ein sehr Bescheidenes, aber immer noch ein Großes, aus eigenem Erleben sagen zu können, »das Kunstwerk ist« und »das Kunstwerk ist hier«. Auch in diesem Aufnehmen und Anerkennen liegt noch etwas Autonomes und in gewissem eingeschränkterem Sinne Schöpferisches. Sittliche Voraussetzung, Rechtfertigung und Würde aller Kritik liegen hier. Urteile, die nicht auf dieses persönliche Erlebnis zurückgehen, sind wertlos. So ändert auch das verschiedene Wertempfinden anderer Betrachter nichts an der Gültigkeit meines Urteils für mich, es sei denn, daß es mich zu einem neuen Erlebnis des Werkes und damit zu einem neuen autonomen Urteil führt. Übernehme ich das Urteil eines anderen, so wird dieses dadurch heteronom, und damit sinnlos. Und umgekehrt gilt mein Urteil nur für mich. Es hat keinen Sinn, es anderen aufzudrängen, es sei denn wiederum, daß es mir gelingt, in anderen ein neues Erleben auszulösen.

Das Verlangen, Übereinstimmung des Urteils, Wertgemeinschaft zu erreichen, ist nun freilich ebenfalls im Wesen des Menschen gegründet. [...] Hinter der ethischen, sozialen, kulturellen Forderung, selbst autonom zu urteilen und die Wertgenossen zu veranlassen, ihrerseits autonom zu urteilen, steht also die metaphysische Forderung, daß diese autonomen Urteile identisch, allgemeingültig sein sollen, und dies nicht durch Zufall und Wesensverwandtschaft der Individuen, sondern notwendig und absolut. Damit ist die Unhaltbarkeit des ästhetischen Relativismus, der Auffassung, daß es keinen Sinn habe, über den Wert von Kunstwerken zu streiten, da jeder seinen eigenen Geschmack habe und man nie zu einer Einigung gelange, ein für allemal erwiesen. Das Streiten über ästhetische Werte ist notwendig und sinnvoll. [...]

Koordination von ästhetischer und außerästhetischer Betrachtungsweise in der Beurteilung von Dichtwerken

Beim dichterischen Kunstwerk ist die Wertung nach außerästhetischen Gesichtspunkten nicht nur möglich, sondern grundsätzlich ebenso berechtigt wie diejenige nach ästhetischen, wenn man so sagen kann, da ja eben erst ihre Verbindung die diesem gemäße Fragestellung bedeutet. Als *ästhetisch* bezeichnen wir im folgenden: den stofflichen Gesichtspunkt (Beurteilung eines Werkes nach Reiz und Großartigkeit des Gegenstandes, der Motive, der Erfindung), den sprachlichen (Reinheit und Echtheit von Klang, Rhythmus, Numerus usw.), den formalen (Ansprüche der Gattungen, des Stils), ferner die Frage nach der Art der Symbolik und die Frage nach Stärke und Reinheit der Atmosphäre[1], als *außerästhetisch* die Fragen nach Art und Tiefe der in einer Dichtung sich offenbarenden Weltanschauung, nach ihrem Ethos, ihrem religiösen und nationalen Wert[2]. Bei

1. Die Beurteilung des Werkes nach inhaltlich-stofflichen Gesichtspunkten: Fabel, Motiv, *Erfindung*, ist für Beriger zunächst vorwissenschaftlich, »die Wertungsweise des Volkes«. Auch nach der *Sprache* allein dürfe man niemals den Wert einer Dichtung beurteilen. So könne z. B. Stilbrechung durch die Idee bedingt sein. – *Gattungen* sind zwar keine starren Gesetze, sondern lebendige Typen, dem Wandel der Zeit und des Menschen unterworfen, aber es bleiben gewisse Grundanforderungen für alle Arten und durch alle Zeiten dieselben. – Unter *Symbolik* versteht Beriger das Verhältnis von Geschehen und Idee, Gestalt und Sinn, Motiv und Bedeutung. – *Atmosphäre* kennzeichnet »das innere Leben, den beseelenden Hauch, der ein Werk erst zur Dichtung macht«, sie ist bestimmt durch Persönlichkeit, Lebensgefühl und Weltanschauung des Dichters. Es handelt sich dabei um Gefühlswerte also um subjektive Momente der Wertung.
2. *Weltanschauung* meint da vom Dichter persönlich erlebte und persönlich gebildete Weltbild mit Wertvorrang der drei Grundprobleme Schicksal, Gott, Natur. – Unter *Ethos* versteht Beriger die geistigseelische Grundhaltung des Werkes, wie sie vor allem in der Gemütslage und der Stärke der Gestalten zum Ausdruck komme. – Das *Religiös* bezeichnet hier die Frage nach dem Sinn des Lebens. – Das *National* umfaßt die nationale Besonderheit der Dichtung, die bestimmt wird durch das Verhältnis des Dichters zu »Volkheit, Volk und Staat«. Während die Beziehung zu den beiden letzteren durchaus zwiespältig sein

allen diesen Gesichtspunkten ist freilich nur der Ausgangspunkt jeweils ästhetisch oder außerästhetisch. Es versteht
sich vielmehr, daß jede Beurteilung von einem ästhetischen
Gesichtspunkt aus die außerästhetischen Gesichtspunkte mit-
berücksichtigen muß und soll, und umgekehrt; denn »das
Künstlerisch-Technische berührt sich mit dem letzten der
Weltanschauung« (Paul Ernst). Je mehr dies geschieht, je
enger die Verbindung, die Koordination der beiden Betrachtungsweisen ist, um so höher steht eine Kritik, um so
verbindlicher muß sie sein.

2. Julius Petersen: Deutung und Wertung (1939)

*Unmittelbar an Beriger anschließend ist für Petersen die
Bewertung literarischer Kunstwerke ein einheitlicher Prozeß von ästhetischer und weltanschaulicher Wertung. Die
drei Maßstäbe Echtheit, Größe und Sinnbildhaftigkeit ermitteln die Werte jeweils unter ästhetischem, ethischem,
religiösem und volkhaftem Aspekt. So wurzelt z. B. »die
volkhafte Echtheit in arteigenem Verwachsensein mit dem
Empfinden der Gemeinschaft und in dem rassebewußten
Verantwortungsgefühl einer Gegenwart, die sich verknüpft
fühlt«. Es ist kaum zu übersehen, wie hier einer nationalsozialistischen Wertung die theoretische Basis geliefert
wurde.*

Der objektivierenden Rechenschaft über das persönliche
Erleben eines Kunstwerkes und dem Übergang zu seiner
Deutung und Wertung können drei Maßstäbe dienen, von

könne, wird »Volkheit« als der innerste und geheimste Sinn der Einheit
des Volkes verstanden, mit der jeder wahre Dichter im innigsten Verhältnis stehe. Wer diese Stimme der Volkheit nicht höre und zum
Klingen bringe, könne kein wahrer Dichter sein, weil er dann auch die
Stimme der Menschheit nicht höre. Beriger weist allerdings darauf hin,
daß dieses Verhältnis zur Volkheit auch eine Schranke für wahre und
allgemeingültige Poesie sein könne, weil sie die übernationale Wirksamkeit der Dichtung einschränke.

denen der erste mehr die innere Beziehung des Werkes zum Dichter, der zweite mehr den nach außen gehenden Eindruck des Werkes auf den Betrachtenden, der dritte die Beziehung des Werkes zur Welt erfassen will. Der eine trifft die seelische und menschlich-individuelle Bedeutung des Werkes mit der Frage nach der *Echtheit*, der zweite die ausstrahlende Kraft des Werkes mit der Frage nach der *Größe*, der dritte die Weltbeziehung und gültige Bedeutung des Werkes mit der Frage nach seiner *Sinnbildhaftigkeit*. Jeder dieser Maßstäbe ist in vierfacher Richtung anzuwenden als Einschätzung nach dem *ästhetischen*, dem *ethischen*, dem *religiösen*, dem *volkhaften*[3] Wert.

Auf die Fläche gebracht stellt die Kreuzung dieser Wertkategorien sich in folgendem Schema dar:

	ästhetisch	ethisch	religiös	volkhaft
Echtheit				
Größe				
Sinnbildhaftigkeit				

a) Echtheit: Im *ästhetischen* Eindruck offenbart sich die Echtheit als widerspruchsloser Einklang und organisches Gleichgewicht aller Elemente, die sich bei der Analyse er-

3. *Volkhaft* ist einer der zentralen Begriffe der völkischen Literaturwissenschaft. Diese versteht sich selber als *volkhafte Lebenswissenschaft* und untersucht die Werte *volkhafter Dichtung*, d. h. »jeder dichterischen Aussage, die in dem durch die Gemeinsamkeit des Blutes bestimmten Lebensraum des deutschen Volkes steht, die aus seiner Wirklichkeit, aus dem Grund seines Wesens, aus seinem Schicksal wächst und die innerste Kraft und das Wertbewußtsein unseres Volkes zum Ausdruck bringt« (vgl. Hellmuth Langenbucher: Die deutsche Gegenwartsdichtung, Berlin 1939; hier nach: NS-Literaturtheorie. Hrsg. von Sander L. Gilman. Frankfurt a. M. 1971. S. 20). »Volkhaft« bezeichnet damit einen Wert, der die Unterordnung des Individuums (als Autor, Leser, Interpret) unter die höhere Einheit einer Volksgemeinschaft fordert.

geben haben, also der Harmonie zwischen innerer und äußerer Form, zwischen Erlebnis und Gestaltung, zwischen Stil und weltanschaulicher Haltung, zwischen Technik und Problemen, zwischen sprachlicher Darbietung und Idee. – Die *ethische* Echtheit tritt in dem gewissenhaften Ernst hervor, mit dem Probleme und Ideen aus der Tiefe eigensten Erlebnisses geschöpft und als folgerichtige Grundanschauungen, Erziehungsgedanken und charaktervolle Lebensmaximen durchgebildet sind. – Die *religiöse* Echtheit offenbart sich als Innerlichkeit wahrhaften Bekennertums, das aus Zwang der Überzeugung und Kraft der Entscheidung hervorgeht. – Die *volkhafte* Echtheit wurzelt in arteigenem Verwachsensein mit dem Empfinden der Gemeinschaft und in dem rassebewußten Verantwortungsgefühl einer Gegenwart, die mit Geschichte und Zukunft des eigenen Volkes und der Menschheit sich verknüpft fühlt.

b) *Größe:* Im *ästhetischen* Eindruck stellt sich die Größe zunächst als ein organisches Verhältnis zwischen den äußeren Proportionen des Umfangs und der menschlichen, schicksalhaften oder sogar kosmischen und metaphysischen Bedeutung des Gegenstandes dar, wie etwa in Dantes *Göttlicher Komödie* oder in Goethes *Faust.* Dazu kommt Kraft und Reichtum der Darstellung in allen Formen des Sprachausdrucks, im Format der Menschengestaltung und der göttlichen Erscheinungen, in der Naturbetrachtung und in aller Motivierung des Geschehens. – Die *ethische* Größe kommt in der Tragweite der behandelten sittlichen Probleme und ihrer Lösung zum Ausdruck, wie in der Gestaltung der Charaktere und ihrer Motive, im idealistischen Wollen, im Pflichtgedanken, in Opferbereitschaft und in der Selbstbehauptung des Menschen gegenüber einem unerbittlich waltenden Schicksal. – Die Größe des *religiösen* Gehaltes beruht auf leidenschaftlicher Glaubenskraft und sehnsüchtiger Hingabe, auf unendlichem Weltgefühl und metaphysischer Blickrichtung. – Die Größe des *Volkhaften* liegt in der Bezogenheit des Einzelschicksals auf das Ganze, in weiter geschichtlicher Schau, im lebendigen Verantwortungsgefühl gegenüber der Gemeinschaft und in bewußter politischer Haltung. [...]

c) *Sinnbildhaftigkeit:* Dieser Begriff umfaßt alles das, was ein Werk über sich selbst und seine Vereinzelung emporhebt und ihm einen bedeutunggebenden Wert verleiht durch tiefere Beziehungen auf Menschheit und Weltgeschehen, auf Volk und Zeit, auf Geschlechter und Lebensalter. Auf *ästhetischem* Gebiet liegt der sinnbildhafte Wert im symbolischen Lebensgehalt, in der Naturbeseelung und in der Leuchtkraft, mit der ewige Ideen durch die Gestalt hindurchschimmern; im *Ethischen* erscheint sinnbildhaft der Wirklichkeitssinn, der das Schicksal als Weltgesetz unter dem Gesichtspunkt notwendigen Geschehens walten läßt und für jeden Konflikt allgemein gültige Lösungen von typischer Bedeutung findet. Im *Religiösen* tritt die Sinnbildhaftigkeit als Ausdruck unmittelbaren inneren Gotteserlebnisses beim Einzelnen wie als Glaubensform, die eine Gemeinschaft umfaßt, in Erscheinung; im *Volkhaften* als schicksalmäßige Gebundenheit an die Gemeinschaft und als Spiegelung des Ganzen in Sprache, Charakteren, Lebensbräuchen, Gesinnung und Denkweise.

3. Horst Oppel: Wertlehre der Dichtung (1952/57)

Bereits 1947 forderte Oppel in seiner »Morphologie der Dichtung« eine Wertlehre vom morphologischen Standpunkt; denn Dichtung ist »geprägte Form, wirkende Gestalt«. Noch ausführlicher untersucht er dieses Problem in einem vielverbreiteten Handbuchartikel. Werterkenntnis ist Wesenserkenntnis, das Wesen einer Dichtung aber ist die Gesamtstruktur. Oppel, der an Berigers Untersuchung anknüpft, problematisiert die Suche nach objektiven Maßstäben und nennt sog. Fehlerquellen der Wertung.

Es dürfte kaum möglich sein, sich wissenschaftlich mit der Literatur zu beschäftigen, *ohne* in irgendeiner Form an die Wertfrage zu rühren bzw. Werturteile auszusprechen. Auch *der* Literarhistoriker, der die Wertfrage willentlich zurückstellt, wird doch bewußt oder unbewußt immer wieder Wertakzente setzen – allein schon durch die größere oder geringere Ausführlichkeit (also durch »liebevolles Verweilen« bzw. eilfertiges »Darüber-hinweg-Gleiten«), mit der er in seiner Darstellung einen Schriftsteller bedenkt. Erst recht ist bereits der leisesten und vorsichtigsten Charakterisierung eines literarischen Werkes ein Moment der Wertung einbezogen. Insofern läßt sich behaupten, daß alles literarhistorische Bemühen und alle literarische Kritik immer zugleich Wesenserkenntnis und Wertung ist. Mehr noch: wir haben es dabei nicht mit zwei verschiedenen, klar voneinander abgrenzbaren Problembereichen zu tun. Denn im Grunde ist eine Dichtung überhaupt nur eine solche, insofern sie Wertträger ist und Werterlebnisse auslöst. Wesenserkenntnis in der literarischen Betrachtung ist ganz einfach Werterkenntnis.

Damit ist freilich noch nicht gesagt, daß wir über wirklich zuverlässige literarische Wertmaßstäbe verfügen. Wenn auf der einen Seite die Wertfrage nicht ohne die Einsicht in das »Wesen« (d. h. aber: in die Gesamtstruktur) des dichterischen Kunstwerks gestellt werden kann, so bringt es anderseits der historisch greifbare Wandel in den Prinzipien und Normen der Wesensdeutung mit sich, daß auch die Urteilsbildung in ihren Grundbegriffen wie ihren Maßstäben einer beständigen Veränderung ausgesetzt ist. [. . .]

Von hier aus liegt das Eingeständnis nahe, daß wir uns von vornherein des Anspruchs zu begeben haben, mit absoluten Wertmaßstäben für die literarische Beurteilung ausgerüstet zu sein. Es scheint doch wohl nicht möglich zu sein, die einfache Erfahrung zu entkräften, nach welcher der literarische Geschmack sich als etwas zeitlich, kulturell und soziologisch Bedingtes erweist. Aber dieses Eingeständnis, so schmerzlich es ist, braucht nicht im völligen Verzicht auf jede Wertung auszulaufen. Zumindest schließt die Überzeugung von der unvermeidlichen Relativität aller Urteile über Dichtung die Aufgabe ein, dann wenigstens den Versuch zu machen, in das Kunstempfinden derjenigen Zeit einzudringen, die das betreffende Werk hervorbrachte, es erlebte und ihm seine Stellung gab. Man dürfte dabei von einer *historischen Kritik* sprechen, der gegenüber alle späteren Bewertungen als »anachronistisch« zu gelten haben. [...]

Es sind vor allem drei Hauptfragen, die von der Geschichte des literarischen Geschmackes aufgeworfen werden. Erstens: Was wird zu einer bestimmten Zeit in den verschiedenen Teilen des Volkes gelesen? Zweitens: Warum werden in einer historisch abgrenzbaren Epoche gewisse Werke gelesen und andere Werke unbeachtet gelassen? Drittens: In welchem Umfang läßt sich der Einfluß des Geschmacks auf die Entstehung der Literaturwerke selbst feststellen? [...]

Jedenfalls ist mit solcher »historischen Kritik« ein Weg gefunden, der es uns erspart, nur immer und ausschließlich Urteile von unserem Standpunkt aus abzugeben, die die nächste Generation wieder für kraftlos erklärt, um ihrerseits gleich darauf von der nachfolgenden Generation einer Geschmacksverirrung bezichtigt zu werden. Anderseits liegt freilich auf der Hand, daß man bei der »historischen Kritik« ständig in Gefahr kommt, die geistige Bedeutung künstlerischer Werke in eine zu enge Beziehung zu ihrem Erfolg zu setzen. Und hier wäre mit aller Entschiedenheit zu betonen: *die Frage nach den Wertstufen der Dichtung kann nicht von der Popularität der Dichtung aus beantwortet werden.* Höchste künstlerische Werte führen oft für lange Zeit ein Leben von höchster Verborgenheit. Dazu kommt, daß der Zugang zu bestimmten Dichtungen (etwa zum Drama Calderons, zu Shakespeares Sonetten, zu den Oden von Keats oder zu den freien Rhythmen Hölderlins an gewisse menschliche und weltanschauliche Bedingungen geknüpft ist, deren Vorhandensein oder Fehlen durchaus nicht den Wert des dichterischen Werkes berührt. Oder grundsätzlich gefaßt: Wer Literaturgeschichte einseitig als Geschmacksgeschichte betreibt, wechselt unsachgemäß aus der Sphäre des künstlerischen Seins in die Sphäre der *Erfassung* des künstlerischen Seins hinüber. Damit ist eine erste Fehlerquelle bezeichnet, die der wirklich angemessenen Beurteilung von Dichtung entgegenwirkt.

Aber auch dort, wo man sich (unabhängig von der Wirkung) um objektive Werte bemüht, kann noch immer die innere Mitte von Dichtung gründlich verfehlt werden. Eine zweite Fehlerquelle für die echte Werterfassung eines literarischen Werkes liegt in der *Voreingenommenheit durch ein dichtungsfremdes Wertsystem*.

[...] In allen diesen Fällen droht Wertblindheit gegenüber der Dichtung durch die innere Bindung des Betrachters an ein kunstfremdes Wertsystem.

Demgegenüber ist schlicht von der Dichtung aus zu fragen, wodurch die Art und der Rang des dichterischen Werkes bedingt ist. [...] [Es] muß von einer Wertlehre mit Nachdruck betont werden, daß höchste künstlerische Erfüllung keineswegs nur an bestimmte Stile geknüpft ist und sich von anderen Stilen aus als unmöglich erweist. Es würde einen ästhetischen Dogmatismus von gefährlichem Ausmaß bedeuten, wenn man sich damit begnügen würde, sich immer nur von dem herrschenden Kunstgeschmack leiten zu lassen, oder wenn man umgekehrt nur das als »Dichtung« anerkennen würde, was in irgendeiner Weise den Vergleich mit den gefeierten Mustern der Vergangenheit (etwa der Antike) aushält. In Wahrheit aber hat *jeder Stil seine eigene Klassik*. Das will besagen: jeder Stil läßt eine Rangstufe zu, auf der sich seine Möglichkeiten am reinsten und reichsten verwirklichen. Daher ist das Problem einer Wertlehre der Dichtung nur sehr bedingt auf dem historischen Untergrund einer vergleichenden Betrachtung von verschiedenen Stilqualitäten zu fördern. Statt dessen bedarf es der *Hinwendung zu der Gesamtgestalt des dichterischen Werkes.*

An der Gesamtgestalt des dichterischen Werkes sind »Inhalt« und »Form« in gleicher Weise beteiligt. Deshalb muß es sich als abwegig erweisen, *ausschließlich vom Motiv her* die Rangstufe einer Dichtung verbindlich festlegen zu wollen. [...]

Ebenso greift man fehl, wenn man versuchen wollte, *ausschließlich von der Form her* einen Wertmaßstab für die Unterscheidung von Kunst und Unkunst zu gewinnen. [...]

Es ist *sinnwidrig*, von dem Werk eines großen Dichters (und wäre es Homer oder Sophokles, Dante oder Shakespeare) gewisse formale Regeln abzuleiten, um daran die Dichtung anderer Zeiten und Völker zu messen. Und zwar ist dieses Vorhaben ganz einfach deshalb sinnwidrig, weil dichterische Erfüllung nicht in der sorgfältigen Ausführung abgezogener Vorschriften besteht, sondern in der Verwirklichung von Kräften und Gesetzen des Daseins selbst, die immer unerschöpflich bleiben.

Dabei ist eine doppelte Abgrenzung zu vollziehen. Es wäre um den Rang und die Würde des großen Dichters schlecht bestellt, hätte er nur aus seiner Individualität, aus Anspruch und Willkür seines persönlichen Lebens gedichtet. Und nicht weniger bedenklich ließe es sich an, wenn eine vollendete Beherrschung der handwerklich-technischen Mittel allein schon zur Schöpfung des wirklichen Kunstwerkes genügte.

4. Wolfgang Kayser

Kayser gehört neben Staiger (vgl. Nr. 5) zu den wichtigsten Vertretern der sog. werkimmanenten Interpretationsmethode, die in einer ganzheitlichen Erfassung die Eigengesetzlichkeit des sprachlichen Kunstwerks nachzuweisen bemüht ist. Kayser unterscheidet zwar künstlerische, historische und funktionale Wertung, das Hauptgewicht liegt jedoch auf dem Ästhetischen, d. h. der gelungenen formalästhetischen Gestaltung, da außerästhetische Wertungen vom spezifi-

schen Eigensein der Dichtung wegführen. Wertung ist an Interpretation gebunden, aus ihr erwachsen die Kriterien zur Beurteilung des Werkes, vor allem der stilistische Ganzheitsbegriff der »Einstimmigkeit« (vgl. dazu auch Staiger, S. 62 f.), ergänzt durch die Kategorien »Spannungsweite und -fülle«.

a) Vom Werten der Dichtung (1952/58)

Wir stellen zwei Thesen voran, deren Erläuterung und Begründung an dieser Stelle nicht möglich ist:

1. *Dichtung ist die einheitliche Gestaltung einer eigenen Welt mittels der Sprache;*
2. *die Interpretation bemüht sich um eine adäquate Erfassung der jeweiligen Dichtung.*

Eigene Welt, Gestalt, Stil, das sind also die bestimmenden Begriffe, unter denen die Interpretation arbeitet, und ihr Ziel ist, das Sein der dichterischen Welt sowie die Gestalt und den Stil des dichterischen Werkes zu bestimmen. Sie wertet bei ihrer Arbeit. Denn indem sie etwas Brüchiges, Nichtzusammenstimmendes in der Wirksamkeit der dichterischen Mittel aufweist, entdeckt sie eine künstlerische Schwäche. Das gleiche geschieht, wo sie zeigen kann, daß ein Werk hinter seiner eigenen Intentionalität zurückbleibt. Es gehört zu solcher Wertung ein Gefühl für das, was ein Werk sein will. Ob dieses zunächst intuitive Gefühl richtig ist, läßt sich bis zu einem gewissen Grade an dem Gattungscharakter des Werkes überprüfen, der sich durch eine Strukturanalyse erhellt.

Ein kurzes Beispiel soll das Gesagte erläutern. Ein kleines Gedicht nur, sechs Zeilen sind es. Mit dem kürzesten Titel, der sich denken läßt: *Ach!*

> Du fragst, was sagen soll dies Ach!,
> Das ich bei deiner Ankunft sprach?
> Es sprach: Ach! seht die holden Wangen,
> Seht die beliebte Fillis an;

Da kommt auf rosenvoller Bahn
Mein Tod, mein süßer Tod, gegangen.

Es wurde absichtlich nicht gesagt, von wem das Gedicht
geschrieben ist und wann es entstand, es wurde absichtlich
nicht vorbereitet und eingestimmt. Und das Erwartete wird
eingetreten sein: das Gedicht hat nicht gewirkt. Warum?
Weil wir nach dem Anfang, sobald wir erst die Situation
erfaßt hatten, mit unseren Erwartungen in eine falsche
Richtung gegangen sind. Ein Liebesgedicht, bei der Ankunft
der Geliebten gesprochen: unter dem Druck einer seit über
150 Jahren bestehenden Tradition, die genauso alt ist wie
die Goethesche Gestaltung eines solchen Willkommens, haben wir ein Lied erwartet, die Verwandlung der Welt in die
seelische Gestimmtheit beim Anblick der Geliebten. Unser
Gedicht ist älter (es stammt von dem Barockdichter v. Ab-
schatz), und es will etwas anderes. Es will, wie die beiden
ersten Zeilen besagen, eine Antwort auf die Frage geben,
was das »ach!« als emotionale Sprachgeste besage. Es dich-
tet nicht auf der Empfindung des »ach« weiter, sondern
übersetzt seine Meinung in Sprache. Es will nicht Gestimmtheit beschwören, sondern Sinn aussagen, etwas richtig be-
nennen.

Wie geschieht es? Nach der gestellten Aufgabe in Zeile 1
und 2 folgen zwei Zeilen, die noch einmal die leibhaftige
Situation vergegenwärtigen, in der das »ach« gesprochen
wurde, und die damit von der Emotion des Ich zu dem die
Emotion hervorrufenden Du hinlenken. Und nun folgt in
den beiden letzten Zeilen die Fassung des Sinngehaltes in
Worte, nein in ein Bild, ein Sinnbild: »da kommt auf rosenvoller Bahn mein Tod« – und nun wird das noch einmal
gesteigert: »mein süßer Tod gegangen«. Der Sinn spricht
sich nicht in abstrakten Begriffen, sondern in konkreten
Bildern aus. Und er ist von unauslotbarer Tiefe. Denn das
»Tod auf rosenvoller Bahn«, und dann noch der »süße
Tod«, das faßt jeweils in der gleichen Sprachgebärde ganz
weit Entferntes, ganz Gegensätzliches zusammen. Es ist die
Sprachgebärde des Paradoxen, des Oxymoron, wie die Sti-

listik sagt, in der das Ziel sich erfüllt. Wir kennen es aus mystischer Sprache; von daher kommt es wohl sogar, als die allein mögliche Form, in der der Mensch von dem Unsichtbaren, Unfaßbaren, dem Unaussprechlichen sprechen kann. Wir erkennen nun vielleicht, wie tief und wie huldigend zugleich, wie einheitlich das Gedicht sich erfüllt und wie alles – Klang, Rhythmus, Satzbau, Aufbau – zusammenwirkt, um dieses Kunstgebild der echten Art hervorzubringen. Noch etwas muß gesagt werden, was in ihm liegt, und zwar in ihm als einem solchen Spruch. Die Nennung gelingt, es gelingt damit eine Distanzierung von der eigenen Empfindung, aber auch von der Übermacht des Du, das ja in ein Sinnbild verwandelt wurde. Dieses Gedicht will nicht Ausdruck des »Notdrangs« einer Empfindung sein, um mit Herder zu sprechen, sondern das Vermögen des Menschen strahlend bekunden, im Kunstwerk Freiheit zu gewinnen, im Abstand sich über die Realität zu erheben und ihr Eigentliches richtig mit der Sprache zu bannen und zu fassen.

Wollte jemand sagen: ich lasse mir das Gedicht nicht aufreden, es ist gewiß nett in seiner Art und besagt vielleicht auch etwas über den humanistischen Geist des 17. Jahrhunderts, aber es ist mir gerade deshalb zu spielerisch gegenüber dem Stoff bzw. Anlaß; ich will mehr Realität, mehr Seele: dasselbe Motiv, in einem romantischen Lied behandelt, ist mir auf jeden Fall wichtiger und wertvoller – so würden wir eine solche persönliche Meinung ruhig hinnehmen. Aber es scheint uns wichtig, etwas Grundsätzliches in der Äußerung unseres Gesprächspartners festzuhalten: daß er nämlich das Gedicht soeben unter drei verschiedenen Aspekten betrachtet und unter drei Aspekten gewertet hat: einmal als Kunstwerk auf Grund einer Interpretation, die zeigte, was das Gedicht ist, sein will und wie es sich erfüllt. Zweitens als historisches Dokument, indem seine Bezogenheit auf die eigene Zeit wiederhergestellt und es selber nach seinem historischen Gehalt und Stellenwert beurteilt wurde. Unter einem dritten Aspekt wurde es sodann nach seiner möglichen Bedeutung für uns und andere befragt, geprüft und bewertet.

Künstlerische, geschichtliche und, wie ich es nennen möchte, *funktionale Wertung* sind die drei Wertungen, die wir an einem Kunstwerk vornehmen. In der Praxis verbinden sie sich meist. Aber die Unklarheiten, die wir alle empfinden, wenn wir nach den Möglichkeiten, dem Recht und der Geltung des Wertens fragen, lichten sich vielleicht etwas, wenn wir diese drei Arten des Betrachtens und Wertens einmal scharf trennen.

Für alle drei Betrachtungsweisen brauchen wir die strenge, genaue Interpretation. Denn ich muß erst wissen, was ein Werk ist, was in ihm steckt, bevor ich seine Funktion für mich und andere, aber auch bevor ich seine historische Bedeutsamkeit bestimmen kann. Interpretation ist nicht das Alpha und Omega unserer Wissenschaft, sondern das Zentrum, von dem aus die Arbeit in verschiedener Richtung weitergehen kann: in die Gebiete der Poetik, der Sprachphilosophie, der Geschichte, und für den Lehrer und Kritiker wird die funktionale Betrachtung und Wertung besonders wichtig werden. Für die Interpretation selbst werden alle historischen Kenntnisse zum Hilfsmittel; für den Philosophen, den Literaturhistoriker und Pädagogen wird die Interpretation zum Hilfsmittel.

b) Literarische Wertung und Interpretation (1952/58)

Die Arbeitsweise, von der nun zu sprechen ist, strebt zunächst gar nicht nach Wertung. Sie sieht das Werk als Ganzheit – das ist ein Teil ihrer Auffassung von der Dichtung – und will das Gefüge dieser Ganzheit begreifen und durchsichtig machen. Sie heißt dieses ihr Verfahren *Interpretation* schlechthin. Interpretation wird überall betrieben, wo es Texte gibt, mehr: wo es sinnhaltige Formen gibt. Interpretation ist die auf Verstehen beruhende Erfassung und Vermittlung des eine Sinn- bzw. Funktionseinheit bildenden

Formkomplexes. Interpretation bezieht die Formelemente in einen Funktionszusammenhang. [...] Interpretation erfolgt immer woraufhin. Im Fall der Werkinterpretation handelt es sich also darum, alle an der Gestaltung zur einheitlichen Gestalt beteiligten Formelemente in ihrer Wirksamkeit und in ihrem Zusammenwirken zu begreifen: von der äußeren Form, Klang, Rhythmus, Wort, Wortschatz, sprachlichen Figuren, Syntax, Geschehnissen, Motiven, Symbolen, Gestalten zu Ideen und Gehalt, Aufbau, Perspektive, Erzählweise, Atmosphäre [...] und was sich sonst an Gestaltungsmitteln erfassen läßt. Daß die einzelnen Formen wie Nomen, Parataxe, Oxymoron usf. nicht von Haus aus ihre Leistung mitbringen, so daß sie als Wegmarken ins Zentrum zu benutzen wären, ist Gemeingut solcher Arbeitsweise. Die Interpretation steigt überhaupt nicht vom Kleinen, Einfachen zum Größeren, Komplexen auf, sondern bewegt sich in dem steten Schwingen vom Teil zum Ganzen und Ganzen zum Teil.

Bei dem nachvollziehenden Aufweis des Zusammenstimmens geschieht es nun, daß wir Unstimmigkeiten, Brüche feststellen, daß ein Formelement oder Komplex nicht passen will zu den anderen und zum Ganzen. Bei solchen Beobachtungen wird dann die Erkenntnis vom Sein zugleich zur Wertung, wie umgekehrt der Nachweis des vollen Zusammenstimmens auch Wertung enthält. Wir werden im einzelnen nicht übertreiben: kleine Fehler an einer Schönheit haben noch nie gestört. Und es bleibt zu untersuchen, ob Brüchigkeiten nicht als Elemente in einem größeren Funktionszusammenhang besonderen Sinn haben. Erst wenn funktionslose Unstimmigkeiten und Brüche tief gehen, werden sie für die Wertung des Werkes relevant.

Wir müssen das Wort *Einstimmigkeit* noch gegen Mißverständnisse abschirmen. Es ist damit nicht Glätte, Spannungslosigkeit gemeint. [...]

Vielleicht wird, wenn wir zu einer Verfeinerung kommen, damit das Werten umfassender und sicherer: so daß sich zeigen läßt, daß unter den einstimmigen Werken die ranghöher sind, deren Einheit aus mächtigeren Spannungen zusammengefügt ist.

Als Beispiel für eine spannungsarme Einheit – trotz oder vielmehr wegen des durchgängigen Spannens – ließe sich der Schauerroman der Walpole, Lewis[4] usf. nennen. Gute Bücher ohne Frage, in denen alles ausgezeichnet zusammenwirkt. Und doch eben flach. Und trifft nicht das gleiche auf Kafka zu? Ein Violinkonzert, meisterhaft gespielt, aber nur auf der tiefen G-Saite. Die Überschätzung, die er zur Zeit erfährt, erklärt sich aus Zeiterfahrungen, die dieser einen Saite Resonanz verschaffen, und erklärt sich aus manchen anderen Gründen. Und wenn der Schauerroman, um beide weiterhin nebeneinanderzustellen, dann erst in der kleineren Form der Hoffmannschen Nachtgeschichte in die Weltliteratur eingegangen ist, so läßt sich wohl fragen, ob nicht auch bei Kafka die Erzählung die gemäße Form für seine Einheitlichkeit und Einseitigkeit ist.

Mit solchen Beobachtungen der Spannungsweite und -fülle ist denn auch der berühmten Frage eine Antwort gegeben, ob der gut gemalte Kohlkopf nicht ebensoviel wert sei wie die gutgemalte Madonna. Eine Antwort ist gegeben, die die Frage eigentlich nicht verdient, weil sie falsch gestellt ist. Denn der Künstler malt nicht einen Kohlkopf bzw. eine Madonna – es sei denn zu Studienzwecken –, sondern er malt ein Bild, und in dem Bild erst erscheint die Ganzheit.

Was von der wertenden Interpretation gesagt wurde, soll an einem praktischen Beispiel gezeigt und auf die Probe gestellt werden. Gewählt wird ein Text aus dem Anfang des 19. Jahrhunderts, dessen Titel und Autor noch ungenannt bleiben, damit nicht das Wissen dem Werten in die Quere kommt. Es handelt sich um die erste Begegnung des

---

4. Horace Walpole (1717–97), englischer Schriftsteller, dessen Roman »The castle of Otranto« (1764) wegweisend für die Schauerliteratur wurde. – Matthew Gregory Lewis (1775–1818), englischer Erzähler, dessen Roman »Ambrosio or the monk« (1795; deutsch »Der Mönch«, 1962) als Meisterwerk des Schauerromans angesehen wird.

Romanhelden mit der Heldin oben auf einer Schweizer Alm.

»Ich bog daher um die Hütte, um die Herrin meiner Alpe zu begrüßen.

Wer in der Schweiz war, wird die theatralische Tracht der Alpenmädchen kennen.« (Nach einer kurzen Erklärung geht es weiter:)

»Das Brüstli wie das Miederchen war von schwarzem Sammet, geschnürt mit goldenen Kettchen und reich und geschmackvoll gestickt, mit Gold und buntfarbiger Seide. Die weiten Ärmel, vom allerfeinsten Battist, reichten vor bis zur kleinen Hand; und gleichfalls vom nämlichen Battist war das Hemdchen, das den blendend weißen Hals und den Busen züchtiglich verhüllte. Das schwarzseidene hundertfaltige Röckchen reichte kaum bis über das Knie, so daß die Zipfel der buntgestickten Strumpfbänder die feingeformte Wade sichtbar umspielten; die Blumen der Matten aber küßten das Blütenweiß ihres feinen, baumwollenen Strümpfchens, das den zartesten kleinsten Fuß verriet. Vom Hinterkopf hingen dem Mädchen zwei geflochtene, brandschwarze handbreite Zöpfe bis in die Kniekehle hinab; am Arm schaukelte ein Körbchen, gar zierlich gearbeitet und künstlich durchflochten mit Rosen und samtenen Fäden. Im ganzen Wesen der himmlischen Erscheinung die frische Kräftigkeit der unverdorbenen Alpenbewohnerin, und doch der Anstand, die Haltung der gebildeten Städterin!

Das Mädchen wollte hier übernachten!

»Du lieber Gott, warum tust du mir das!« rief ich fragend heimlich in die Wolken, und warf einen Blick auf die unter mir liegende arme Welt, daß es mir vorkam, als schmelze das Eis der Jungfrau und ihrer Nachbarn von seinem verzehrenden Feuer in brühende Lava über.«

Der Text stammt aus Claurens *Mimili*.[5] Was man zunächst

5. Heinrich Clauren, Pseudonym von Carl Gottlieb Heun (1771–1854), preußischer Staatsbeamter, der süßlich-sentimentale Erzählungen entsprechend dem breiten Publikumsgeschmack verfaßte, darunter »Mimili« (1816).

mit erfrischender Deutlichkeit erlebt, ist die Tatsache, daß man wertet und noch werten kann. Es ließe sich nun in einer Interpretation eine Fülle von Mängeln zeigen: cliché-hafte Wendungen, unstimmige Bilder, innere Unmöglichkeiten: daß etwa der Betrachter sogar die Rückseite des Mädchens sehen kann, usf. Wir heben nur eines hervor, weil es uns noch etwas Neues zeigt.

Es handelte sich um die erste Begegnung der beiden Romanfiguren. Diese Situation stellt besondere Anforderungen. Sie muß etwas von dem Gefüge des Ganzen sichtbar werden lassen. [...]

Der Autor gibt uns zunächst statt der Darstellung eine Erklärung an den Leser und dann eine Beschreibung. Die Beschreibung bricht aus. Denn sie erfolgt nicht vom Standpunkt in der Situation; die Zeit steht still, und so wird die Tracht einer Salontirolerin bis in die letzten Kleinigkeiten beschrieben, die der Beobachter gar nicht wahrnehmen kann. Diese Beschreibung unterbricht das Gefüge des Werks. Sie funktioniert nicht in ihm, sondern in dem Gefüge des zeitlosen Interesses weiblicher Leserinnen an Kleiderfragen. Aber auch für männliche Leser ist gesorgt; die schon in der Beschreibung spürbare Lüsternheit feiert noch eigene Triumphe. Hier treffen wir in der Tat eine durchgehende Linie, die aber zu der Hauptlinie keineswegs paßt. Lüsternheit und Interesse am Aufputz sind die Prinzipien, mit denen hier die erste Begegnung dargestellt wird. Durch die Interpretation ist Wertung genug gegeben und unser erstes Empfinden gerechtfertigt.

Überprüfen wir unser Verfahren, so zeigt sich das Neue: wir werteten nicht nur, indem wir Brüche feststellten. Sondern wir werteten auch mit Forderungen, die hier eine Situation stellte. Indem wir sie erkennen und mit ihnen fragen, enthüllt sich der nachschaffende Charakter des Interpretierens. Zugleich fällt der Blick auf ein neues Feld, an das wir uns noch zu wenig heranwagen: das der *Forderungen, die sich aus dem Werk heraus stellen.* [...]

Die Kunstrichter des 18. Jahrhunderts fragten, was ein

Werk sein *soll*, und maßen es an den Maßstäben ihrer normativen Poetik; wir fragen, was das Werk sein *will*, und
messen es an ihm selber. Gerade durch die Bestimmung der
Struktur und des gattungshaften Charakters, so will uns
scheinen, werden die immanenten Anforderungen eines
Werkes vernehmlich.
Grundsätzlich, so fassen wir das Bisherige zusammen, *enthält das Verfahren der Interpretation Wertung* – ohne daß
sie deshalb ihren wissenschaftlichen Charakter verlöre.
[...]
Die Wertung liegt in der Interpretation beschlossen. Damit
müssen wir einer Frage Antwort stehen: wo bleibt die *Rücksicht auf die historischen Bindungen*, in denen das Kunstwerk wie jedes menschliche Erzeugnis steht? Die beiden
extremen Positionen wären: das Kunstwerk ist völlig Ausdruck seiner Zeit, so daß es mit ihr veraltet. (Herder deutet
sie am Schluß des Shakespeare-Aufsatzes an.) Die andere:
das Kunstwerk ist in seiner Geschlossenheit gegen die Zeit
abgekapselt, es ist dem geschichtlichen Verlauf enthoben.
Das Nachleben Shakespeares, bei dem Herder die Frage
des Veraltens erwog, beweist zur Genüge, daß Kunstwerke
nicht einfach veralten wie ein Verkehrsmittel. Daß andererseits Dichtungen nicht der Zeit enthoben und damit immer
ohne weiteres zugänglich sind (wie es Werke der bildenden
Kunst und der Musik zunächst zu sein scheinen), das zeigt
an den Dichtungen ihre Sprachlichkeit, mit der sie allein
schon in den unaufhaltsamen Fluß der Sprachwandlung
gestellt sind. [...]
Aber nun: all dieses unentbehrliche historische Wissen ist
nicht die Interpretation, sondern gehört zur Vorbereitung.
Die Interpretation des Werkes beginnt erst danach. *Sie
richtet sich auf das Kunstwerk und braucht eine besondere
Einstellung auf das Dichterische, die von der historischen
wesensmäßig verschieden ist.* [...]
Nicht auf die Zeit, sondern auf das Kunstwerk hat sich die
Interpretation einzustellen. Das Historische wird in ihm,
durch das Wesen der künstlerischen Gestaltung um- und

in das Ganze eingeformt, das nun Kraft hat, über die Zeit zu dauern. »Die Kunst drückt nicht die Zeit, sondern sich selber aus«, hat O. Wilde in etwas zugespitzter Formulierung gesagt. Denn gewiß können die Spannungen, aus denen das Werk gefugt ist, solche der eigenen Zeit sein. Aber ihre Zeitechtheit ist kein Maßstab der künstlerischen Wertung. Ifflands *Verbrechen aus Ehrsucht* enthält zeitnähere Spannungen als Goethes gleichzeitige *Iphigenie*, und in den Festspielen um die Mitte des 17. Jahrhunderts steckt mehr von den tieferen Kräften und Erlebnissen des Dreißigjährigen Krieges als in Grimmelshausens *Simplizissimus*. Nicht auf die Herkunft der Spannungen kommt es an, sondern auf ihre Größe, Gestaltung und vor allem ihre Fügung.

5. Emil Staiger

Staigers Ansatz (vgl. »Die Kunst der Interpretation«, 1955) läßt deutlich die Parallele zu Kaysers Position erkennen. Hier wie dort geht es darum, die besondere Wahrheit des Kunstwerks zu erschließen und seine Eigengesetzlichkeit nachzuweisen: »daß wir begreifen, was uns ergreift, ist der Gegenstand literarischer Forschung«. Auch für Staiger wird der Wert einer Dichtung, ihre Schönheit, vorwiegend mit Hilfe des stilistischen Ganzheitsbegriffs der »Einstimmigkeit« erfaßt, nachzuweisen »in kunstgerechter Auslegung, die alles in allem zusammenhält«. Im Widerstreben gegen jede Form »ästhetischer Buchhaltung« nennt er daneben individuellen Charakter, Gattungs- und Sprachgerechtigkeit, gemeinschaftsbildende Kraft, Gewicht als Kriterien einer Wertung.

a) Versuch über den Begriff des Schönen (1945)

Schön aber muß ein Kunstwerk heißen, das stilistisch einstimmig ist. Stilistische Einstimmigkeit besagt, daß alles

Verschiedene in das eine Gültige, das ist die Welt des Künstlers, aufgehoben wird. In der klassischen Welt gilt ein Körper als schön, der weder zu mager noch zu fett ist. Im hageren Körper nämlich, wo viele Sehnen und Knochen sichtbar sind, bekundet jedes einzelne Glied nur seine Funktion im Ganzen und bedeutet für sich betrachtet wenig. Im fetten Körper schwellen umgekehrt einzelne Teile heraus und beanspruchen mehr, als ihnen im Ganzen zukommt. Dem klassischen Stil ist aber gemäß, daß jeder Teil für sich besteht und zugleich auf das Ganze bezogen ist. So hat auch jeder Vorgang in Goethes Epen seinen eigenen Wert und dient doch zugleich dem ganzen Gedicht. So ist das Symbol in der klassischen Dichtung ein Einzelnes, das für sich besteht, für sich gewürdigt werden kann, zugleich aber auch das Ganze, den göttlich gefügten Kosmos repräsentiert.

b) Einige Gedanken zur Fragwürdigkeit des Wertproblems (1969/76)

Es scheint zunächst die *Einstimmigkeit* zu sein, die den Wert einer Dichtung begründet. Wir verstehen darunter das, was eine kunstgerechte Interpretation herausarbeitet: daß nämlich alles, was wir an einem Text bemerken, von *einem* Geist, von *einem* Rhythmus, von *einer* seelischen Gravitation durchwaltet ist. In einer Novelle Kleists zum Beispiel stimmt die verwegene Hypotaxe zu der unbarmherzigen, ja tödlichen Konsequenz des Denkens, den ungeheuerlichen Motiven, mit denen das Leben auf eine Probe gestellt wird, die es nicht besteht, den hastigen und doch ungemein scharfen Vergegenwärtigungen der Dinge, in denen sich der leidenschaftlichste Anteil des Dichters und zugleich die Erkenntnis bezeugt, daß eine wahre Begegnung mit der Fülle des Seins dem Menschen nicht gestattet sei. In einem Gedicht Brentanos wiederum stimmt der Verzicht auf klare Konturen, die Lust an Farben und schillernden Lichtern, an ungreifbar-atmosphärischem Zauber zu der reichen, in sonoren Vokalen schwelgenden Diktion, dem widerstandslosen Gleiten der kurzen, keinerlei Mühe erfordernden Sätze, der Übermacht der Stimmung, dem romantischen Selbstverlust, der als unausweichliches Schicksal empfunden wird. Das, worin das Mannigfaltige einer Dichtung in dieser Weise übereinstimmt, nennen wir Stil und finden uns dabei durch viele Versuche früher und späterer Zeiten, das Wesen des Schönen zu fassen, bestätigt. [...]

Wir dürfen nicht bestreiten, daß es auch eine künstlerisch ganz irrelevante Einstimmigkeit gibt, die durchgehaltene Konvention, ein unpersönlicher, durch den Geschmack der Öffentlichkeit, vielleicht auch der Regelbücher vorgeschriebener Stil. [...] Auch billigste Unterhaltungsromane können stilistisch einstimmig sein und nötigen uns dennoch kein ästhetisches Wohlgefallen ab. Daraus ergibt sich, daß wir offenbar nur als Kunstwerk anerkennen, was *individuellen Charakter* hat, was Zeugnis von einer unverwechselbaren Persönlichkeit ablegt und irgendwie einzigartig ist. [...] Wir werden uns aber auch hüten zu sagen: Je individueller, desto besser! Dem individuellen Ausdruck sind in der Dichtung als solcher Grenzen gesetzt. Zunächst durch die literarische Gattung. [...] In der Lyrik zum Beispiel kann ich mich nicht auf Schilderungen einlassen, wie sie dem Epos natürlich sind. Der Raum des Gedichts ist viel zu eng, als daß sie zur Geltung kommen könnten. Stimmungszauber oder symbolistische Vertiefung sind unerläßlich, wenn die sichtbare Welt in wenigen Zeilen eine künstlerische Bedeutung gewinnen soll. Dagegen hat sich Gottfried Keller in seiner Lyrik oft versündigt. In einem Epos dagegen ist ein pathetischer Grundton oder stete Gefühlsintensität verfehlt. Man hält das auf die Dauer nicht aus, was, bei aller Bewunderung, jeder Leser von Klopstocks *Messias* erfährt. Bei Bühnenstücken verbietet sich alles, was nicht über die Rampe hinwegkommt, also das Allzuzarte, Intime, auch die versteckte Anspielung und was sich an Nuancen nur bei aufmerksamstem Lesen erschließt. [...]

Gattungsgerecht muß also ein literarisches Werk sein, wenn wir ihm den höchsten Rang zubilligen sollen. [...]

Dabei bemerken wir bald, daß es wohl noch allgemeiner gefaßt werden muß. Die Dichtung ist ein Sprachkunstwerk. Sie sollte also auch *sprachgerecht* sein. [...]

Was geht aus dieser Betrachtung hervor? Daß es Weisen des Fühlens und Denkens, der Auffassung des Daseins gibt, die sich für Sprachkunstwerke ohne weiteres eignen, und andere, denen das Wesen der Sprache zuwiderläuft und die sich nur auf einem labyrinthischen Umweg oder überhaupt nicht mehr aussprechen lassen. Um dasselbe auf geläufige Art zu sagen: nicht alle Zeiten und innerhalb einer Zeit nicht alle Richtungen, alle Weltanschauungen sind gleichermaßen der Dichtung fähig. Also schiene es wohl möglich, das Problem des Werts auch unter diesem Gesichtspunkt ins Auge zu fassen. [...]

Wir kommen zu einem letzten Kriterium. Seit nahezu zweihundert Jahren ist es uns so sehr zur Natur geworden, von dem Dichter das Interessante, Individuelle zu fordern, daß wir die *gemeinschaftsbildende Macht* der Dichtung nach und nach fast aus den Augen verloren haben oder gründlich mißverstehen, als handle es sich darum, die Menschen mit poetischen Mitteln für bestimmte Zwecke zu gewinnen. Schon den Zweck, den Sinn des Daseins stiften Dichter, die, wie Dante, jenseits aller politischen Grenzen, eine Nation begründet, das heißt, ein Volk auf eine neue Wirklichkeit geeinigt haben. Das liegt auch in dem bekannten, gewiß kaum übertriebenen Satz Herodots, Homer und Hesiod hätten den Griechen ihre Götter geschenkt. Der Umkreis der Verständigung in den höchsten und tiefsten Zonen des Seins, die Akzentuierung der »Realität«, was wesentlich, was unwesentlich, was bedeutsam, was belanglos sei, die Perspektive, unter der ein Volk die Dinge zu sehen gewohnt ist: schon dies ist als die Leistung jener wenigen Genien zu betrachten, mit deren Werken eine neue Epoche der Geschichte anhebt – ähnlich wie mit der Stiftung einer Religion oder eines Gesetzes. [...] Es ist das *Gewicht* eines Kunstwerks auf der Waage der Weltgeschichte, das wir gleichfalls anerkannt sehen möchten, ohne Rücksicht darauf, was uns gerade heute am meisten gefällt.

Wo sind wir aber nun hingelangt? Wir haben ganz empirisch und ohne jeden Anspruch auf Vollständigkeit gewisse Kriterien aufgerafft, nach denen man gemeinhin, ohne es immer deutlich zu wissen, den Wert einer Dichtung zu bestimmen versucht: Einstimmigkeit, individueller Charakter, Gattungs- und Sprachgerechtheit, gemeinschaftsbildende Macht, Gewicht. Sollen wir dies nun mit Hilfe eines Punktsystems ineinander verrechnen, derart, daß wir vielleicht der Einstimmigkeit drei Punkte, dem individuellen Charakter etwa fünf zusprechen? Ich fahre nicht weiter. Jede Faser sträubt sich gegen eine solche ästhetische Buchhaltung. Bedenkenswert ist aber der Umstand, daß sie sich gar nicht durchführen läßt und daß es das maximale Werk, das die höchste mögliche Punktzahl erzielen würde, nie gegeben hat und überhaupt nie geben kann. Inwiefern undurchführbar ist das Verfahren nur schon deshalb, weil man sich schwerlich über den Rang der Einzelkriterien einigen wird und weil sogar, wenn dies gelänge, die Frage immer offen bliebe, wie etwa eine leichte Störung der Einstimmigkeit – man denke an Goethes *Mailied* – zu bewerten sei und wie man allenfalls einen grandios-individuellen Verstoß gegen Gattungsgesetze einzuschätzen habe. Niemand kann einem Leser unseres zwanzigsten Jahrhunderts verwehren, den Ausdruck einer Individualität für wichtiger zu halten als die gemeinschaftsbildende Macht und also etwa einen Dichter wie Heinrich von Kleist Schiller vorzuziehen. Und ebensowenig konnte man es noch Lessing verwehren, wenn ihm die gemeinschaftsbildende Macht mehr als jede andere Qualität am Herzen lag.

Doch das beschäftigt uns nicht so sehr wie die Unmöglichkeit des Maximums. Jedermann wird zugeben müssen, daß sich die individuellen Züge einer Dichtung nur auf Kosten ihrer allgemeinen Bedeutung steigern lassen und umgekehrt.

6. Hans-Egon Hass:
Das Problem literarischer Wertung (1959)

Der Autor teilt die allgemeine Überzeugung, daß es keine andere Quelle des Wissens um Wert oder Unwert einer Dichtung geben könne als das lebendig reagierende Wertgefühl. Obwohl der ästhetische Wert nur »in strengster Individualität und Einmaligkeit des Werterlebnisses zur Erscheinung« komme, erkennt Hass einen Anspruch auf intersubjektive Allgemeinheit des Werturteils an. Zum Wesen des urteilenden Aktes gehöre der Wunsch nach Maßstäben, nach Objektivierung des subjektiven Werterlebnisses zur Theorie. Wenn auch die Möglichkeit objektiver Maßstäbe verneint wird, so nennt der Verfasser doch »Begrenzungshilfen der Subjektivität«: a) die objektive Gegebenheit des Werkes als des »zeitgebundenen Trägers zeitloser Werte«, das den Betrachter zu angemessener Einstellung erziehe (Kriterium der Wertung: »die im Werk selbst intendierte Vollkommenheit, die in ihm selbst angelegte Möglichkeit der Wertverwirklichung«), b) die Geschichtlichkeit des Werkes (Kriterium: Ausdruck des Zeitgehalts) sowie Autorität und Tradition (Kriterium: Wirkungsdauer und Urteil der Nachwelt). Die aus den Grundgesetzen der Sprache, der dichterischen Gestaltung und historisch-individuellen Gegebenheiten abgeleiteten Bestimmungen des Verstehens und Wertens von Dichtung zielen auf Wertgemeinschaft mit anderen und auf intersubjektive Geltung des subjektiven Werturteils.

[Poetologische und funktionale Wertung]

Wenn man sich die Vielzahl der gegebenen Wesens- und Wertbestimmungen der Dichtung im Überblick vergegenwärtigt und sie ihrem Ursprung und ihrem Charakter nach vergleicht, so ergibt sich, daß sie mannigfach, trotz der Verschiedenheit der begrifflichen Definition, in wesentlichen Elementen miteinander übereinstimmen, bzw. auf analogen

Grundvorstellungen beruhen und oft zueinander in der Beziehung von allgemeiner Voraussetzung und spezieller Folgerung stehen. Als Einteilungsschema, das wegen der vielfachen Überschneidungen allerdings nicht in ein strenges System zu zwingen ist, bietet sich zunächst einmal die Unterscheidung danach an, ob die Bestimmungen vorwiegend auf Einsichten in die Seinsweise von Dichtung, in ihre ontologische Struktur, gegründet sind, oder ob sie sich mehr aus der »Bedeutsamkeit« im Sinne einer dogmatisch bestimmten Funktion der Dichtung im menschlichen Lebenszusammenhang herleiten. Sehen wir einmal ab von der zeitlichen Folge und der individuellen Ausbildung und fassen das Mannigfaltige zu den darin ausgedrückten Grundvorstellungen zusammen, so ergeben sich für die erste, der eigentlichen Poetik zugehörige Gruppe die beiden Fundamentalbestimmungen, daß Dichtung nicht begriffliche Aussage, sondern *sinngeprägte Gestaltung* gebe, und daß das dichterische Werk organismushafte Einheit, *geschlossener Gefügecharakter* haben müsse. Die zweite, mehr auf die Funktion der Dichtung zielende Gruppe umfaßt die beiden Fundamentalbestimmungen, daß Dichtung *Lebensbedeutsamkeit* und daß sie *Erkenntnisbedeutsamkeit* für den Menschen haben müsse. Diese Fundamentalbestimmungen gliedern sich dann in speziellere Kriterien auf, die sich als ihre Folgerungen darstellen. Aus der Bestimmung der *sinngeprägten Gestaltung* folgen Kriterien wie Anschaulichkeit, Bildhaftigkeit, »gestaltet oder geredet« usw.; aus der Bestimmung des *geschlossenen Gefügecharakters*: innere Übereinstimmung und Widerspruchslosigkeit, Durchgehaltenheit der Intention, stilistische Einstimmigkeit, Bündigkeit und Maß, adäquate Funktionalität der Stilmittel usw. Die bei den Fundamentalbestimmungen dieser Gruppe schließen sich zusammen in Grundgesetzen der Dichtung wie: Einheit von Gehalt und Gestalt, Übereinstimmung von Bild und Sinn, Ausgewogenheit von Gedanken und Bildhaftigkeit. Durch Abweichungsschemata, die den Mangel an Übereinstimmung in dem Übergewicht der einen oder anderen Seite festlegen, hat man Beurteilungshilfen aufzustellen gesucht, nach denen der Grad der Erfüllung dieser Grundgesetze in den einzelnen Werken bestimmt werden kann. In der zweiten, auf die Funktion der Dichtung zielenden Gruppe folgen der Fundamentalbestimmung der *Lebensbedeutsamkeit* spezielle Kriterien wie: lebendig ausstrahlende Kraft, konkreter Lebensgehalt, »Erlebnis«, Lebenswahrheit, Wahrhaftigkeit, Natürlichkeit, – das Menschlich-Allgemeine, das Ewig-Menschliche, das Ewig-Göttliche, Zeitlosigkeit. Die Lebensbedeutsamkeit der Dichtung bezeichnet Hofmannsthal mit dem Wort: »Die dichterische Aufgabe ist Reinigung, Gliederung, Artikulation des Lebensstoffes.« Die Fundamentalbestimmung der *Erkenntnisbedeutsamkeit* gründet sich zunächst auf Definitionen der Funktion der Dichtung wie: Organ des Weltverständnisses bzw. des menschlichen Selbstverständnisses, Welterhellung oder, im besonderen Sinne Heideggers, Seinserhellung, oder, enger menschlich bezogen, Verständigung über das Dasein. Diese Bestimmungen haben jedoch die der ersten Gruppe bezüglich der sinngeprägten Gestaltung zur Voraussetzung, insofern die Dichtung solche Funktion als ein überbegriffliches Erfassen von Wirklichkeit in »anschaulichen« Vorstellungen ausübt und in dieser Weise auch auf den Menschen wirkt, als Erhellung und Entwicklung des Vorstellungslebens. Mit den grundsätzlichen Bestimmungen der *Erkenntnisbedeutsamkeit* hängen dann speziellere Kriterien zusammen wie: Sinnbildhaftigkeit, Symbol- und Ideengehalt, Wertung nach dem Kulturwert, nach der Fähigkeit, den jeweiligen Zeitgehalt auszudrücken, der Dokumentierung der allgemeinen Geistestätigkeit einer Zeit oder Gesellschaft. Auf beide Fundamentalbestimmungen dieser zweiten Gruppe in ihrer Wechselbeziehung, die Lebensbedeutsamkeit und die Erkenntnisbedeutsamkeit, gründet der ganze Komplex der außerästhetischen Wahrheitsfragen, die an die Dichtung gestellt werden, sei es im Sinne der metaphysischen, der religiösen, der sittlichen oder der existentiellen Wahrheit. Diese Fragen können sich dann zu dezidierten außerästhetischen

Standpunktaspekten der Wertung verengen, wenn nach dem Kriterium der Übereinstimmung mit besonderen konfessionellen, weltanschaulichen, politischen, nationalen, soziologischen Überzeugungen gewertet wird. Gleichfalls auf beide Fundamentalbestimmungen der zweiten Gruppe gründen sich Kriterien, die auf Wertentscheidungen nicht nur über das Einzelwerk als solches gerichtet sind, sondern über den Rang einer Dichtung sowohl in bezug auf das Verhältnis zu anderen Werken als auch in bezug auf die relative »Bedeutsamkeit« für den Menschen. Dahin gehören die Kriterien, die sich auf Tiefe, Weite, Fülle, Universalität oder Totalität der Ideen, Anschauungen, Empfindungen, des »leibhaftig gestalteten Seins« oder auf die Energie und Intensität der ausstrahlenden Kraft des dargestellten Lebens, auf die Höhe der Intention oder die »Größe« richten. Diesen Kriterien korrespondieren Wertungsgesichtspunkte der ersten Gruppe, die ihrerseits als Kriterien für den relativen Rang eines Werkes in der Fundamentalbestimmung des geschlossenen Gefügecharakters gründen, wie: Spannungsweite und -fülle, Vielschichtigkeit, Variabilität, Reichtum der formalen Mittel, Abwechslung und Kontraststeigerung, Virtuosität. Beide Gruppen werden schließlich von Bestimmungen umfaßt, die sich auf den geschichtlichen Prozeß der schöpferischen Entfaltung und Folge menschlicher Selbstverwirklichung in der Sprache der Dichtung beziehen und die nicht zufällig erst im Zusammenhang mit Individualismus und individualisierendem Historismus eine gleichsam absolute Bedeutung erlangt haben: Originalität, individuelle Eigenart der Sprache, des Stils, des »Tons«, Neuheit des Gefühls- und Gedankengehalts, entdeckerische Neuschöpfung von gestaltetem Sinn, »die Schaffung neuer Realitätsvokabeln« (Broch).

[Subjektives Werterlebnis und kulturelle Wertgemeinschaft]

Der Inbegriff der literarischen Wertung jedoch betrifft nicht nur das Urteil des einsamen Lesers, der sich des Wertes eines Werks vergewissern will, der nur für sich selbst Rechenschaft über Wert oder Unwert einer Dichtung sucht. Wie sich in dem einzelnen Subjekt die Vorstellung vom Ganzen der Literatur und auch der lebendige Wertbesitz, den es an der Gesamtheit der von ihm als Wert erfahrenen Werke hat, im Zusammenhang mit der Bildungs- und Lebenswirkung einer Kulturtradition aufbaut, so entspringt auch das subjektive Urteil nicht nur der Intention des Einzelnen, sich für sich selbst Wert oder Unwert einer Dichtung zu bestimmen. Mit seinem literarischen Urteil verbindet der Einzelne vielmehr einen Anspruch auf intersubjektive Geltung, der nicht ein Anspruch auf abstrakte »Richtigkeit« ist, die der Zustimmung anderer entbehren könnte, sondern der seinem Wesen nach auf Wertgemeinschaft mit anderen zielt. Literarische Wertung ist auch im wertenden Akt des Einzelnen immer schon im Zusammenhang eines Kulturganzen zu verstehen, d. h., der Einzelne wertet nicht als isoliertes Subjekt, sondern aus dem Wert- und Bildungsbewußtsein seiner Kulturgemeinschaft. Zwar nicht notwendigerweise ausdrücklich, aber der inneren Richtung nach, wertet der Einzelne, wenn er bei der Feststellung seines Urteils auf die ihm zugeordnete kulturelle Wertgemeinschaft reflektiert, als Organ der Wertsetzung dieser Kultur. Für die öffentliche literarische Kritik trifft das gewiß in höherem Grade zu als für das Urteil des Einzelnen, der keine Publizität anstrebt. Da aber von literarischer Wertung eigentlich nur die Rede sein kann, wenn auch das einzelne Werturteil das literarische Wertbewußtsein einer ganzen Kultur zur Grundlage hat, so gehört zum Wesen des wertenden Aktes immer schon die Relation zu dem übersubjektiven Ganzen einer kulturellen Wertgemeinschaft, so sehr dieser auch in der jeweiligen historischen Wirklichkeit ein lebendig-öffentlicher Zusammenhalt und die Einheit eines verbindlichen, stilbildenden Kulturentwurfes fehlen mögen.

In solchem Verstande ist der literarischen Wertung weder die Grenze eines »rein« ästhetischen Urteils, noch die Grenze eines historisch relativierenden Urteils gezogen. Weder die

»Zeitlosigkeit« noch die »Geschichtlichkeit« bestimmen allein die Wertung, sondern beide Momente der Dichtung, sich wechselseitig durchdringend, werden von der Wertung hineingenommen in den überwerklichen Bezug, der sich aus der Aktualisierung des Werkes in dem geschichtlichen Lebenszusammenhang einer Kulturgegenwart herstellt. [...] Erkennt man der Dichtung Lebensbedeutsamkeit für den Menschen zu, dann ist damit auch festgestellt, daß sich ihre Wertung nach den Bedeutsamkeitsaspekten einer jeweils historisch bestimmten Gegenwart menschlichen Lebens vollziehen muß. Goethe hat in *Dichtung und Wahrheit* einmal aller »zerstückelnden«, das Äußere, den »Körper« eines Werkes analysierenden Kritik seine eigene Grundüberzeugung entgegengesetzt: »Das Innere, Eigentliche einer Schrift, die uns besonders zusagt, zu erforschen, sei daher eines jeden Sache, und dabei vor allen Dingen zu erwägen, wie sie sich zu unserm eignen Innern verhalte, und in wie fern durch jene Lebenskraft die unsrige erregt und befruchtet werde.« Damit ist eine Maxime der literarischen Wertung ausgesprochen, nach der zwar die eigengesetzliche Individualität des Werkes Gegenstand der Betrachtung ist – was die Grenze der subjektiven Willkür bezeichnet –, die aber die Frage nach der gegenwärtigen Lebensbedeutsamkeit des Werkes, nach seiner Kraft lebendig-fruchtbarer Wirkung auf das Subjekt, als obersten Wertungsaspekt hinstellt. [...] Während alle »zerstückelnde« Kritik ihr Ziel im Auffinden von Kunstfehlern sehen wird, Ausdruck eines Geistes, der sich nicht von dem Werk überwältigen lassen will und sich aller Sympathie für das Werk von vorneherein erwehrt, wird umgekehrt eine Kritik, die nach der befruchtenden Lebenskraft des Werkes fragt, danach trachten, mit ihm in die Beziehung der Sympathie zu treten, in eine Gemeinschaft, in der sich überhaupt erst eine Entscheidung fällen ließe über den lebensbedeutsamen Wert einer Dichtung. Wäre in dem einen Falle die positive Aufgabe, das Unzulängliche auszuscheiden, gleichsam die Arbeit des Unkrautjätens im Garten der Literatur, so im ande-

en Falle die Bestellung des Gartens durch Wartung der
dlen, lebenswichtigen Pflanzen. [...]

Die Aufgabe wäre also, weder allein nach »zeitlosen« Normen noch allein nach der historischen Bedingtheit und damit absoluten Relativität zu werten, sondern eine Synthese
zu finden, in der das Geschichtliche und das Übergeschichtliche der dichterischen Werke zugleich erhalten und aufgehoben wäre. Das wertende Subjekt wird die Wertgeltungen
aus seinem Lebens- und Kulturzusammenhang heraus bestimmen und zugleich im Umgang mit den Werken an diesen Werten seine Bildung erfahren, insofern nicht nur das
Werk in der Wertung durch das Subjekt gewissen Veränderungen unterliegt, sondern auch das Subjekt sich verwandelt durch die lebendige Werterfahrung des Werkes.

7. Wilhelm Emrich:
Wertung und Rangordnung literarischer Werke (1964)

*Emrich bekennt sich zu einer ontologisch begründeten Ästhe-
tik. Er knüpft dabei an Hegels Phänomenologie des Geistes
an und geht davon aus, daß Dichtung Ausdruck menschlicher Daseins- und Bewußtseinsstufen ist: sie kann die
wahre Natur des Menschen erfassen oder verfehlen. Emrichs Maßstäbe der Wertung lassen sich also nur vom jeweiligen Bewußtseinsgrad des Schaffenden und Aufnehmenden ableiten. Ausgehend von einer Kritik der bisherigen
Wertungstheorie ist es für Emrich Aufgabe wissenschaftlicher Interpretation, die unterschiedlichen Daseins- und
Bewußtseinsstufen in einzelnen historischen Epochen auf-
zudecken und eine gegliederte Rangfolge der einzelnen
Werke herzustellen. Dabei wird sich das künstlerische vom
nichtkünstlerischen Werk durch einen unausreflektierbaren
Bedeutungsreichtum (Kriterium: »Kontinuum der Reflexion«) unterscheiden. – Zur Kritik an Emrich vgl. Gotthart
Wunberg: Interpretation und Wertung. Kritische Bemer-*

73

kungen zu Wilhelm Emrich. In: Norbert Mecklenbur
(Hrsg.), Literarische Wertung. Texte zur Entwicklung de
Wertungsdiskussion in der Literaturwissenschaft. Tübinge
1977. S. 70 ff.; Klaus Gerth: Ästhetische und ontologisch
Wertung. In: DU 19 (1967) H. 5, S. 43–57 und Joche
Schulte-Sasse: Literarische Wertung, S. 42.

1. Wodurch kann bewiesen werden, daß ein literarische
Erzeugnis ein Kunstwerk ist oder nicht? Gibt es Rangord
nungen innerhalb der literarischen »Kunst« selbst, d. h
gibt es höherwertige und minderwertige literarische Kunst
werke? Und wie lassen sich diese Rangordnungen begrün
den?
2. Kann ein literarisches Werk, das »künstlerisch wertvoll
ist, ethisch »schlecht« sein, im sittlichen Bereich einen »Un
wert« darstellen? Ist es möglich – was in der Rechtspre
chung immer wieder geschah und geschieht –, einem litera
rischen Werk künstlerischen Rang zuzubilligen, aber e
wegen seiner sittengefährdenden Wirkung zu verbieten
oder auch umgekehrt, ein sittengefährdendes Werk mi
Rücksicht auf seinen künstlerischen Wert, obwohl es, ethisc
gesehen, verderblich ist, freizugeben? [...]
Trotz aller historischen Relativierung vollzieht sich im
Lauf der Geschichte ein ständiger Ausleseprozeß, in der
sich bestimmte literarische Gebilde Jahrhunderte oder Jahr
tausende als Kunstwerke behaupten, auch wenn ihre Epo
che sie ablehnte oder geringschätzte, andere dagegen, ob
wohl sie von ihrer Zeit als Kunstwerke gefeiert wurden
als nicht künstlerische Gebilde ausgeschieden werden un
nur noch historisches Interesse als Ausdruck ihrer »Zeit
zu bewahren vermögen. Die jeweiligen, historisch bestimm
ten und abgrenzbaren Vorstellungen, nach denen ein Werl
als Kunstwerk galt oder nicht galt, werden also bedeutungs
los bei diesem Ausleseprozeß, bei dem es allerdings immer
noch fraglich bleibt, ob er »sachlich« gerechtfertigt ist un
ob nicht auch bei ihm historisch begrenzbare und relativier
bare Vorurteile oder Vorlieben mitspielen und die Auswah

bestimmen. Dennoch bleibt es bedenkenswert, daß es literarische Gebilde gibt, die von allen späteren Zeiten – selbst bei völlig entgegengesetzten oder andersartigen Weltanschauungen und Kunstvorstellungen – als Kunstwerke verbindlich anerkannt bleiben, andere aber sehr rasch – und für immer – ausscheiden.

Die Bestimmungen dessen, was Kunst ist oder nicht, können also nicht abhängig sein von den jeweilig sich wandelnden Weltanschauungen und historisch relativierbaren, differierenden oder gegensätzlichen Vorstellungen über das Wesen der Kunst, sondern sie müssen aus den Werken selber hervorgehen, die sich als Kunstwerke behaupten, wie auch in den Nicht-Kunstwerken bestimmte Merkmale vorhanden sein müssen, die zu ihrer Ausscheidung und negativen Bewertung führen. D. h., es muß ein Gemeinsames geben, das Kunst als Kunst, bzw. Nicht-Kunst als Nicht-Kunst konstituiert trotz aller inhaltlichen oder formal stilistischen Wandlungen und Divergenzen im historischen Prozeß.

Der in einem Werk enthaltene Ausdruckswert bzw. sein geistiger und seelischer »Gehalt« oder »Sinn« kann als solcher – an und für sich betrachtet – offenbar nicht ein Maßstab für die Bewertung abgeben, denn die Gehalte wechseln, widerstreiten einander, ja können sich gegenseitig ausschließen, ohne daß dadurch der Kunstcharakter eines Werkes aufgehoben oder in Frage gestellt wird. Bestimmte heidnische Werke wie die Homers, Vergils, Terenz', Senecas u. a. wurden und werden von christlichen Zeitaltern als Kunstwerke von höchstem, ja z. T. sogar kanonisch verbindlichem Rang anerkannt, während Werke, die den eigenen christlichen Gehalt aufwiesen, als unkünstlerische Machwerke abgelehnt werden konnten. Maßgebend scheint dabei gewesen zu sein und immer zu sein die Art und Weise, *wie* ein Gehalt gestaltet ist, also die Form. Aber auch die formalen Qualitäten eines Werkes können – an und für sich betrachtet – nicht den Maßstab der Beurteilung abgeben. Denn auch die Formqualitäten und Formideale wandeln sich, widerstreiten einander und können sich gegenseitig ausschließen, sind – wie die Stilgeschichte zeigt – derart extremen historischen Wandlungen ausgesetzt, daß sie nicht in ihren jeweiligen Bestimmungen als konstitutiv für Kunst oder Nichtkunst überhaupt gelten können. Ein Werk kann alle formalen Qualitäten eines klassischen Dramas aufweisen und dennoch sich als Machwerk erweisen (z. B. die epigonalen Jambendramen humanistischer Schulmänner), wie auch umgekehrt die radikalen Formexperimente »avantgardistischer« Autoren ihre Werke noch nicht zu »originalen« Kunstwerken stempeln müssen.

Wenn aber weder die einzelnen geschichtlich bestimmten Gehalte an sich noch die einzelnen geschichtlich bestimmten Formen an sich ein Kunstwerk als Kunstwerk konstituieren – und alle in einem literarischen Werk erscheinenden Gehalte und Formen sind ja nachweisbar immer geschichtlich geprägt – und wenn andererseits bestimmte literarische Werke sich als bleibende Kunstwerke in der Geschichte durchhalten und also für die ihnen folgenden Zeiten trotz deren andersartigen oder gegensätzlichen Anschauungen stets neue positive »Bedeutung« und das heißt neue positive Aussagewerte oder neue formale Vorbildlichkeit und bewundernde Zustimmung erhalten, so müssen diese literarischen Werke derart strukturiert sein, daß sie ihre eigenen, in ihrem Inneren erscheinenden einzelnen geschichtlichen Gehalte und Formen in einer eigentümlich überlegenen Weise überschreiten und deren Bedeutungen und Formqualitäten derart erweitern und bereichern, daß sie Bedeutung und »Wert« auch für alle späteren Zeiten zu erhalten vermögen, ja daß diese späteren Zeiten jeweils immer neue und andere Bedeutungen, Sinnbezüge und formale Qualitäten in diesen Werken »entdecken«. Diese Werke sind gleichsam »unausschöpfbar«. Sie geben jeder folgenden Generation neue Rätsel auf, neue Deutungsmöglichkeiten und Sinnbezüge; sie sind nie zu Ende zu interpretieren.

Das gilt für alle literarischen Kunstwerke von Homer bis

ur Gegenwart. Sie enthalten, wie es Friedrich Schlegel ormuliert hat, ein »Kontinuum der Re-flexion«, d. h. eine ununterbrochene wechselseitige Spiegelung und Rückspiegelung aller Teile, wodurch eine unendliche Mannigfaltigkeit on Bezügen, Sinngehalten wie auch von immer neu überaschenden und neu zu entdeckenden Formqualitäten und lamit auch Formbedeutungen entsteht. Dieses Kontinuum elbst ist zwar – wie das Werk – endlich, aber es besitzt gleichsam eine innere Unendlichkeit, die auch den kleinsten yrischen oder epigrammatischen Gebilden den Charakter »unausschöpfbarer« Gefühls- und Bedeutungsqualitäten vereihen kann.

Die spezifisch künstlerische Formung eines literarischen Werkes besteht also darin, daß die jeweiligen Gehalte und Formen, die der Autor als Stoff oder Vorwurf übernimmt oder durch seine Einbildungskraft hervorbringt, kompositorisch und sprachlich in ein Beziehungsgewebe gebracht werden, durch das die einzelnen Inhalte und Formen aus ihrer spezifisch historischen Begrenztheit oder Einseitigkeit befreit werden und einen Bedeutungsreichtum entfalten, der nie zu Ende reflektiert werden kann und repräsentative bzw. symbolische Bedeutung auch für andere Lebensformen, Zeiten und Vorstellungen aus sich zu entwickeln vermag. Dagegen ist ein nichtkünstlerisches Werk dadurch konstituiert, daß die in ihm enthaltene Reflexion kein in sich unendliches Kontinuum darstellt, sondern bald abbricht bzw. sehr schnell an ihr Ende gelangt, weil seine Gehalte und Formen nicht über sich hinausweisen, keine Bedeutungsmannigfaltigkeit enthalten, sondern in einer eindeutigen Begrenztheit verharren, die rasch durchschaubar ist und jedes weitere Nachsinnen oder Forschen überflüssig macht bzw. abtötet. Die Beschäftigung mit nichtkünstlerischen Werken »lohnt« nicht (es sei denn als historische Quelle für Zeitstudien), da sie weder durch ihren Gehalt noch durch ihre Form über sich hinausgehen, sondern gerade durch ihre »fraglosen« Aussagen und Formen sich gleichsam mit ihrem Ende zu Ende gespielt haben, so wie ein durchschnittlicher Kriminalroman nach allen Spannungen und Rätseln, die er aufgeboten hat, um den Leser in »Atem« zu halten, am Schluß nach der Auflösung der Fragen belanglos wird. Dagegen entfalten künstlerische Kriminalromane wie etwa Dostojewskis Werke in jedem Moment ihrer Gestaltung eine solche unausschöpfbare Fülle psychologischer, religiöser, soziologischer u. a. Bedeutungen und Deutungsmöglichkeiten, daß seine Romane immer wieder neu gelesen und interpretiert werden können und müssen, da die in ihnen enthaltenen Sinn- und Formbezüge in sich unendlich sind und mit der Auflösung der äußeren Handlungsspannung keineswegs an ihr Ende gelangt sind.

Der nichtkünstlerische Roman gestaltet eine schematisierte, vereinfachte und einseitige Welt, die nicht »wahr« ist (auf Grund der Schematisierung) und daher auch nicht »gut« und »schön« sein kann. Der künstlerische Roman versucht eine umfassende, vielseitige Gestaltung, die der komplexen Wahrheit der menschlichen Wirklichkeit möglichst nahe kommt. Je mannigfacher, reicher, beziehungsvoller das Kontinuum der Reflexion, d. h. die sinnvolle Beziehung aller Teile zueinander strukturiert ist, um so ranghöher ist das Kunstwerk; je ärmer oder schwächer die sinnvollen Bezüge ausgeformt sind, d. h., je früher die Reflexion des Werkes ausgeschöpft ist, um so geringer ist der künstlerische Rang, den das Werk repräsentiert und beanspruchen kann, um so früher erlischt auch seine Bedeutung in der Geschichte.

Damit ist auch die Frage geklärt, warum bestimmte literarische Modeerscheinungen oder Bestseller von ihrer Zeit als hohe Kunstwerke gepriesen und gefeiert werden, um dann sehr bald und für immer mit Recht aus dem Kunstkanon der Weltgeschichte zu verschwinden. Sie drücken eine ganz bestimmte, historisch begrenzte Gefühlslage, Erfahrung oder Weltanschauung aus, in denen sich die Zeit ganz wiederfindet, spiegelt und begeistert erkennt und bestätigt sieht. Aber sie drücken leider nur diese begrenzten historischen Inhalte und Formen aus, die sehr schnell durchschaubar sind und verschwinden, wie die Zeit verschwindet, die ihnen verhaftet war; es sei denn, es gelang dem Autor, die begrenzten Zeitgehalte und deren Formen zu transzendieren, durch ein vielsinniges Beziehungsgewebe aus ihnen Bedeutungen und Formqualitäten zu entwickeln, die über sie hinausweisen und ihnen übergreifende, repräsentative und symbolische Funktionen verleihen. [...]

Damit ist ein Maßstab der Unterscheidung zwischen literarischer Kunst und Nichtkunst gefunden, der allgemein verbindlichen Charakter hat, da er die historische Relativierbarkeit ästhetischer Maßstäbe in die Wesensbestimmung der Kunst phänomenologisch mit einbezieht und das schwierige, vieldiskutierte Problem des Verhältnisses zwischen der Geschichtlichkeit und Übergeschichtlichkeit der Kunst zur Klärung bringt. Die adäquate Anwendung dieses Maßstabes bei der konkreten Beurteilung literarischer Werke ist jedoch nur möglich bei einer genaueren Differenzierung der gegebenen Bestimmungen. Sie betrifft vor allem das Verhältnis zwischen dem Ästhetischen, Ethischen und Wahren im literarischen Werk, bzw. die Eigenschaft der »Werte«, die ein Kunstwerk repräsentiert oder vermittelt.

Wenn die spezifisch künstlerische Struktur eines Werkes mit Friedrich Schlegel als ein Kontinuum der Reflexion bezeichnet wurde, durch das die jeweiligen begrenzten und eindeutigen historischen Gehalte und Formen erweitert, bereichert oder überschritten werden und eine unendliche Bedeutungsmannigfaltigkeit hervorgebracht wird, so kann eine derartige »unausschöpfbare« Bedeutungsfülle, die zudem noch für spätere Zeiten verbindliche und anerkannte Werte bewahrt oder sogar ständig neu entfaltet, nicht in zufälliger Willkür durch beliebige Kombinationen, Beziehungsverknüpfungen und Reflexe zwischen den einzelnen Teilen des Werkes entstehen oder hervorgezaubert werden. Es können auch keine historischen Gehalte und Formen überschritten, transzendiert oder gar überwunden werden, wenn in dem Werk keine neue, überlegene Bewußtseinsstufe entfaltet worden ist, die diese historischen Gehalte und Formen voll begriffen, durchschaut und legitim überwunden hat, d. h., ihre »Wahrheit« aufdeckte und damit selbst eine ihr überlegene, neue, »wahre« Gestaltung schuf, mögen die erfundenen dichterischen Vorgänge, Bilder, Empfindungen und Reflexionen auch samt und sonders Fiktionen und in diesem Sinne irrealer Schein sein. Aus diesem Grunde aber etwa anzunehmen, daß der Dichter in seinem konkreten, individuellen Bewußtsein ein Wesen sei, das wie ein erhabener Genius über seiner Zeit stehe und die unendliche Bedeutungsmannigfaltigkeit seines Werkes, die viele Generationen nach ihm überhaupt erst entdecken, vollbewußt in seinem Kopf trage, wäre unsinnig. In ihrem individuellen Bewußtsein sind die Dichter genauso zeitgebunden wie alle anderen Menschen, was auch ihre theoretischen Äußerungen in Briefen, Tagebüchern, Gesprächen usw. beweisen, die keineswegs den Äußerungen anderer, nichtkünstlerischer Geister überlegen sind, was aber auch ihre Kunstwerke selber bezeugen, deren einzelne Gehalte und Formen gleichfalls sämtlich historisch gebunden sind.

Die innere Unendlichkeit des Kontinuums der Reflexion entsteht vielmehr dadurch, daß der ästhetische Schaffensprozeß ein »freies Spiel« der Einbildungskraft ist, in dem alle einzelnen Momente (Gehalte und Formen) der Gestaltung aus den Gesetzmäßigkeiten der empirischen, geschichtlichen Wirklichkeit gelöst und in neue, unwirkliche bzw. fiktive und freie Beziehungen und Gesetzmäßigkeiten zueinander gebracht werden. Die Kunst bzw. das Schöne ist »Freiheit in der Erscheinung« (Schiller), d. h., ihre Gestaltungen unterstehen nicht den Gesetzen der Natur bzw. der Wirklichkeit oder der Logik, obgleich sie »erscheinende« Gestaltungen sind. Sie entwickeln ihre eigenen, freien Gesetzmäßigkeiten, jedes Werk auf eine andere, ihm eigentümliche, individuelle Weise. [...]

Im Wesen des ästhetischen Schaffensprozesses selbst also liegt es, ein in sich unendliches Kontinuum der Reflexion hervorzubringen. Je entschiedener der Wille zur ästhetischen Totalität ausgeprägt ist, je größer also die künstlerische Leistung wird, um so mehr distanziert sich das Werk oder der Autor von den einzelnen begrenzten Werten, Gehalten oder Daseinsformen, hebt sie auf im Hinblick auf das entstehende, umfassendere Bild vom Wesen oder der Natur des Menschen und seiner Wirklichkeit. [...]

Indem also die künstlerische Gestaltung der verschiedenartigsten Werte und Daseinsformen auf Totalität der Darstellung und damit auch der Erkenntnis dringt, muß in dieser Bewährungsprobe der einzelnen Werte und Wertvorstellungen auch eine fortschreitende Erkenntnis der jeweiligen Grenzen und Rangordnungen der Werte eintreten, d. h. ein präziseres Wissen vom Wesen des Guten und Bösen. Je vollkommener ein Werk in ästhetischer Hinsicht ist, um so »besser« muß es daher auch in ethischer Hinsicht sein, weil es eine um so reichere Einsicht in das Wesen falscher und wahrer Moral gestaltet und vermittelt. Die scheinbare Gleichgültigkeit des Künstlers und seines Werkes gegenüber moralischen Wertsetzungen kann sich immer nur auf konventionelle, historisch begrenzte und also problematische, fragwürdige Wertsetzungen beziehen. Indem die »Wahrheit« über die volle Wirklichkeit menschlicher Existenz intendiert ist oder ihr der Künstler im Schaffensprozeß möglichst nahezukommen versucht, muß auch ein Bewußtsein vom wahrhaft guten und wahrhaft bösen Verhalten entstehen, d. h., das ästhetisch vollkommenere Werk setzt auch ethisch vollkommenere Maßstäbe als das ästhetisch minderwertige.

Das gilt auch dann, wenn der Autor in seinem individuellen Bewußtsein solche Maßstäbe nicht besitzt oder leugnet. Die Sphäre des »Intelligiblen«, des absoluten sittlichen Postulats setzt sich gleichsam objektiv im Werk auch gegen die subjektiv begrenzten Vorstellungen des Autors durch – allerdings nur dann, wenn die Phänomene wahrhaftig, richtig, zutreffend gestaltet sind.

8. Walter Müller-Seidel:
Probleme der literarischen Wertung (1965/69)

In einer umfangreichen Darstellung untersucht der Verfasser die Voraussetzungen für die »wissenschaftliche Behandlung eines unwissenschaftlichen Themas« und fordert eine Wertung auf höherer Reflexionsstufe. Die Arbeit kennzeichnet eine Übergangssituation in der Wertungsdiskussion, einerseits ist sie dem traditionellen Kunstideal verpflichtet, andererseits sucht sie das geschichtlich Bedingte im Kunstwerk, die dialektische Spannung zwischen Kunst und Gesellschaft anzuerkennen. Müller-Seidel bemüht sich, das Wesen der Kunst in fünf Fragenkreisen zu erfassen: dem Problem des Öffentlichen stehen die Problemkreise des Höheren, Ganzen, Wahren und Menschlichen gegenüber. Alle Kunst bleibt bezogen auf ein Jenseits der Kunst.

[Bedingungen des Wertens]

Drei Bedingungen halten wir auf alle Fälle für unerläßlich, wo immer die literarische Wertung in den Rahmen und in den Raum einer Wissenschaft einbezogen wird: das geschichtliche Denken, den Zeitpunkt des Urteils und die Dignität des Urteils.

[...] Das Erfordernis, jede historische Erscheinung zuerst aus ihren eigenen Voraussetzungen zu verstehen, ist nicht überholt, wenn wir über das Verstehen hinausgehen und werten. Herders Einsichten behalten auch heute noch ihr gewisses Recht, wenn er feststellt: »Es ist schlechthin unmöglich, daß eine philosophische Theorie des Schönen in allen Künsten und Wissenschaften sein kann ohne Geschichte...«* Fragen des Stilwandels drängen sich auf. Sie sind von der Wertung und Urteilsbildung nicht zu trennen, sondern in sie zu integrieren. [...]

---

* Hans Egon Hass zitiert die Äußerung Herders in einer vorzüglichen Studie zu unserem Thema »Das Problem der literarischen Wertung«. In: Studium generale 12 (1959) S. 728.

Die zweite Voraussetzung betrifft den Zeitpunkt der Wertung. Niemals darf sie am Anfang stehen, sondern muß aus einem Zusammenhang hervorgehen. Erst wenn alles andere bedacht worden ist, kann das letzte bedacht werden: eine Art von Urteil, das nicht von außen kommen darf, und eher beiläufig als in ausdrücklicher Form. Erst müssen wir den weiten Weg des Verstehens und Deutens gegangen sein, ehe wir uns eine Wertung – und niemals eine voreilige Wertung einzelner »Stellen« – zutrauen dürfen. Die Zeitfolge ist nicht umkehrbar. Je entlegener die Epoche, um so schwieriger die Wertung überhaupt, weil die historischen Voraussetzungen stets den Weg des Verstehens verlängern. Ein durchaus gebildeter Leser, der sich auch ohne besondere Vorkenntnisse in die Barockliteratur einzulesen bemüht, fühlt sich zunächst befremdet; und wenn er auf Grund seiner ersten Bekanntschaft schon ein Werturteil ausspricht, ist es vermutlich nicht viel wert. Erst nach gründlichem Einlesen in das Ganze des Zeitalters lernt er allmählich auch hier die Spreu vom Weizen zu sondern. Der notwendigerweise späte Zeitpunkt setzt alles das voraus, was wir zuvor betrieben haben: Textkritik und Entstehungsgeschichte, Biographie, Interpretation und anderes mehr. Erst am Ende eines langen Weges der Untersuchung, der Erforschung oder der Deutung wird es möglich, Wertungen in die literarwissenschaftliche Arbeit einzubeziehen. Aus diesem Grunde sind zwischen Literaturwissenschaft und Literaturkritik gewisse Unterscheidungen in der Methode angelegt, die auch dann ihre Gültigkeit behalten, wenn man die Einheit der Bereiche betont. Die Literaturkritik hat es in mehrfacher Hinsicht mit anderen »Zeitverhältnissen« zu tun, schon auf Grund der Umstände, die sich aus der »Forderung des Tages« ergeben. Die unmittelbare Reaktion wird nicht selten von dem außerhalb der Wissenschaft tätigen Kritiker verlangt; und wenn sie sich hin und wieder als »vergänglicher« erweist, so ist damit nicht unbedingt eine Wertminderung erwiesen. Die Literaturkritik hat es mit der zeitgenössischen Literatur in bevorzugter Weise zu tun. Sie übersieht nicht das abgeschlossene Werk des lebenden Schriftstellers, in dem sich das Frühere unter Umständen erst vom Späteren her erläutert; denn daß sich jede Dichtung aus sich selbst – und also mit dem Zeitpunkt ihres Erscheinens – »erklärt«, ist die Legende einer »Werkimmanenz«, an die heute niemand mehr glaubt. Es hat daher seinen guten Sinn, wenn sich die Literaturwissenschaft erst verhältnismäßig spät in ihrer Geschichte auf solche Probleme besonnen hat. Nunmehr aber ist es auch Zeit, daß sie sich besinnt.

Die dritte Voraussetzung wollen wir als die Dignität der Wertung bezeichnen. Damit ist gemeint, daß die Urteile über die Werke der Kunst nicht mit Gerichtsurteilen zu verwechseln sind. Auch kommt es einer Wissenschaft nicht zu, daß sie Zensuren erteilt. Es kann sich nicht um eine Einteilung in Klassen handeln, nach der jeder Dichter seinen Klassenplatz erhält. Wo der Schematismus die Oberhand gewinnt, ist das Problem schon erledigt, ehe es begriffen worden ist. Was eindeutig und gewissermaßen in runden Zahlen »bewertet« wird, ist ohnehin das Belanglose und Nebensächliche, bei dem sich weder Literaturwissenschaft noch Literaturkritik lange aufzuhalten haben. Wenn sich die fleißige Courths-Mahler für die von Walther Killy zusammengestellte Sammlung deutscher Kitschliteratur als eine wahre Fundgrube erweist, so sind das gewiß eindeutige Urteile, die wir hören. Solche Prosa verdient in der Tat das Etikett Kitsch. Wir nehmen es zur Kenntnis, wenn wir es nicht schon wußten, und regen uns nicht weiter auf. Aber nachdem das Urteil ausgesprochen ist, geht die Wissenschaft diese Prosa nicht mehr viel an. Dagegen gilt es nicht gleichermaßen als ausgemacht, Binding, Rilke oder Gerhart Hauptmann in einer solchen Sammlung zu begegnen. Das Urteil »Kitsch« erweist sich mit dem Blick auf das Gesamtwerk dieser Autoren als weniger eindeutig. Es wird zum Problem mit manchem Für und Wider. In Sachen der literarischen Wertung – mehr noch als andernorts – beginnen die Probleme jenseits der weithin eindeutigen Urteile.

Wir sehen uns von Differenzierung nicht dispensiert, die ein Wesensmerkmal der Wissenschaft bleibt. So erledigt sich eine wissenschaftlich gemeinte Wertung eigentlich von selbst, die mit Wertbezeichnungen wie »gut« oder »schlecht« auszukommen meint. Es ist sinnlos zu bestreiten, daß dem literarischen Werk Robert Musils ein anderer Rang zukommt als den Werken Hermann Hesses. Aber es ist eine schlechte Manier, Hermann Hesse in Bausch und Bogen zu verwerfen, weil es Robert Musil gibt. Wo sich die Wissenschaft mit Wertungen einläßt, indem sie das Schema von Richtig und Falsch zur Basis des Urteils erklärt, da ist es um sie als Wissenschaft geschehen. Aus diesem Grunde auch mißtrauen wir dem Katalog der Wertungskriterien, den manche so gern schwarz auf weiß nach Hause tragen möchten, um für künftige Fälle unter allen Umständen etwas zuverlässig bei der Hand beziehungsweise im Hause zu haben. Viele solcher Kriterien sind heute im Umlauf: die Stimmigkeit, die Korrespondenz von Inhalt und Form, die Unmittelbarkeit, die Echtheit, das Gestaltete und anderes mehr. Was sich aber heute noch als Rezept einer Wertungspraxis empfiehlt, erscheint morgen gerade in solchen Fixierungen als problematisch. [...] Die vermeintlich fixierbaren Wertkriterien, die man bei uns vorgeschlagen hat, erweisen sich allzu oft als die Wertkriterien einer bestimmten Ästhetik oder einer bestimmten Epoche. Sie stehen jeder historischen Betrachtung im Wege, die sich an eine normative Poetik so wenig zu binden vermag wie an eine bestimmte Ästhetik als die ein für allemal geltende Norm. Doch ist die Kritik an einem Katalog von Wertungskriterien noch entschiedener zu formulieren, weil es sich dabei um ein Phantom handelt, das vielerorts herumgeistert. Es geht um den Nachweis, daß mit der Erwartung eines Katalogs etwas eigentlich Unmögliches erwartet wird: keine freudige Hoffnung, die sich bedauerlicherweise nicht erfüllt, sondern eine falsche Hoffnung, deren Erkenntnis befreit. Begriffe der Syntax, der Rhetorik, der Stilistik oder der Verslehre sind fixierte Begriffe, Abstraktionen be-

stimmter Erscheinungen in der Sprache, die man definiert
Die Vielzahl solcher Begriffe, die man in Handbüchern und
Katalogen zusammenfassen und alphabetisch anordnen
kann, sind nützlich und unerläßlich. Wir kommen ohne sie
nicht aus. Solche Begriffe – Hyperbel, Epitheton, Anako-
luth und anderes mehr – dienen in erster Linie der Deskrip-
tion. Ihre Erkenntnis im sprachlichen Kunstwerk ist eine
Erkenntnis ihres Vorhandenseins, nicht schon ihrer Funktion oder ihrer Bedeutung. Als diese Begriffe sind sie zugleich wertneutral. Über eine Dichtung ist so gut wie nichts
ausgemacht, wenn wir nur sie ermittelt haben. Der Prozeß
der Auslegung beginnt dort, wo man mit solchen Begriffen
arbeitet: wo man sie auf ihre Funktion und ihre Bedeutung befragt. Es erweist sich dabei sehr rasch, daß sie nur
eine Weile hilfreich sind und daß schon die Arbeit mit diesen Begriffen andere Ausdrücke verlangt; solche, die sich
im Prozeß der Auslegung aus dem Werk selbst, aus der
Zeit dieses Werkes oder aus der Poetik der Zeit ergeben
Ihre Relevanz liegt im Vollzug – nicht in der Übernahme
und in der Anwendbarkeit. [...]
Wo indessen Wertung und Interpretation derart ineinandergreifen, entsteht kein spezifisches Wertungs*problem*. Was
man an Wertungskriterien erwartet, sind zumeist Interpretationskriterien, Gesichtspunkte der Auslegung, und diese
freilich sind nur im Vollzug des Deutens und Verstehens zu
gewinnen. Hingegen werden die Wertungsprobleme dring-
lich, wo die Vorgänge des Interpretierens und Wertens aus-
einandertreten, wo die »reduzierte Interpretation« das Übergewicht der Wertung bedingt. Denn hier vollzieht sich eine
Verlagerung zur Grenze hin, an der das Kunstwerk in das
nichtkünstlerische Werk übergeht. Die Bestimmung dieser
Grenze involviert die Bestimmung der Dichtung selbst und
ihrer Seinsweise. Keinem Begriff und keiner Definition
wird diese Bestimmung gelingen. Was Dichtung *ist*, teilt
uns kein Handbuch bündig mit. Wo dennoch eine formel-
artige Umschreibung versucht werden sollte, ist sie zeit-
bedingt. Was Dichtung *ist*, erfahren wir letztlich nur aus

ihrer Geschichte. Dennoch dürfen wir uns mit der grenzenlosen Wertrelativität nicht zufriedengeben, weil wir nicht dulden dürfen, daß man jedes beliebige Machwerk Dichtung nennt. Wenn Begriffe einen Sinn behalten sollen, dürfen sie nicht beliebig auswechselbar sein. Auch ein Drama kann man nicht definieren, um es etwa als eigentliches Drama vom epischen Drama zu unterscheiden; denn Drama ist beides. Dennoch müssen gewisse Mindestforderungen erfüllt sein, wenn wir mit einigem Recht noch Drama sagen. Das hat mit Wertung noch gar nichts zu tun. Eine Pantomime als eine Handlung ohne Sprache kann genausoviel »wert« sein wie ein Drama, das Sprache verlangt. Aber das eine wie das andere ist Kunst. Wenn wir ein Drama in seinem Dramencharakter einschränken, kann es durchaus Dichtung sein. Wenn wir dagegen den Charakter der Dichtung einschränken, schränken wir etwas Fundamentales ein. Wir müssen in der Lage sein, darüber Auskunft zu geben. Jeder noch so geschichtliche Wertrelativismus verdeckt das Problem, das sich an den Grenzen der Dichtung stellt. Weil es nicht links das definierte Kunstwerk und rechts den definierten Kitsch gibt, sondern eine Vielzahl von Graden und Stufen, ist uns mit eindeutigen Wertkriterien nicht geholfen. Wir sind unvermögend zu definieren, was Dichtung ist, aber wir dürfen nicht zulassen, daß jeder Versuch einer Grenzbestimmung unterbleibt. Wir sind auf Grund unserer geschichtlichen Bildung zur Toleranz in der Anerkennung des Vielen erzogen und müssen dennoch jenen Grenzbereich ermitteln, der uns um der Dichtung willen zur Intoleranz verpflichtet, wenn es denn sein muß. Alle Kataloge lassen uns dabei hoffnungslos im Stich. Aus diesem Grunde wollen wir innerhalb bestimmter Fragenkreise die Probleme erörtern, um die es sich handelt. Innerhalb solcher Fragenkreise halten wir in Anerkennung alles geschichtlich Bedingten nach etwas jeweils »Unbedingtem« Ausschau. Wir hoffen dabei gewisse Mindestforderungen als übergeschichtliche Normen im Spannungsgefüge der geschichtlichen Vielfalt auszumachen, von denen wir meinen, daß man von ihnen nicht völlig absehen darf.

[Übergeschichtliche Normen]

[1. Das Öffentliche:] In der Erkundung bestimmter Normen auf etwas »Unbedingtes« hin – bei aller Anerkennung des geschichtlich Bedingten – wenden wir uns dem ersten dieser Fragenkreise zu. Er betrifft den Charakter des Öffentlichen im Gegensatz zum Privaten; die Tatsache, mit anderen Worten, daß zur Kunst Kommunikation gehört. In vielfältigen Formen ist sie gesellschaftsbezogen. Sie ist auf die Gesellschaft gerichtet, in der sie entsteht und für die sie entsteht. [...]
Zum Wesen der Kunst gehört nicht minder das Spiel, und es fragt sich sogleich, wie sich Spiel und Öffentlichkeit miteinander vertragen. Wer den in der Kunst spielenden Menschen mißachtet, mißachtet die Kunst selbst. Aber die Spielmomente der Kunst sind nichts Privates, obgleich es in jeder Kunstausübung auch Privates gibt und geben darf. Das Kind spielt »für sich«; und wenn es später Klavier oder anderes zu spielen lernt, bleibt es noch lange bei dem Für-sich-Sein in solchem Lernen. Das Spielen bleibt privates Spiel: es geschieht zur eigenen Freude oder zur Freude des Nächsten im privaten Kreis. »Das Spiel, das der einzelne für sich allein spielt, wird für die Kultur nur in beschränktem Maße fruchtbar«*, bemerkt Huizinga in seiner Geschichtsphilosophie des »Homo ludens«. Als eine Äußerungsform des Privaten ist das Für-sich-Spielen in der Kunst bis zu einem gewissen Grade verbindlich und »wahr« für den, der es betreibt, auch wenn es möglicherweise falsch betrieben wird. Als Kunst verstanden und mit dem Anspruch auf Kunst ist ihm in jedem Fall eine Verbindlichkeit anderer Art eigen: im Anspruch der Kunst liegt stets die Verbindlichkeit für viele, sonst ist es nicht Kunst. Das Spiel

* Johan Huizinga: Homo ludens, Versuch einer Bestimmung des Spielelements der Kultur. ³1949. S. 76 f.

der Kunst mit dem Anspruch auf Kunst erhält durch den
Öffentlichkeitscharakter einen Sinn, der sie vor dem völlig
Unverbindlichen und Privaten bewahrt. [...]
Natürlich bleibt zu definieren, was Öffentlichkeit heißt,
und daß es dabei um Beziehungen zum Publikum geht,
steht außer Frage. Der Einwand ist denkbar, es sei das ein
soziologisches Problem, eine kunstfremde Sache. Doch wird
es sich noch öfters zeigen, daß auch »Außerkünstlerisches«
zur Kunst gehört, und ohne Mitteilungsformen kommt sie
nicht aus. Auch die Kunst hat es, wie anderes, auf ein Gespräch abgesehen: auf ein solches zwischen dem Künstler
und einem Partner, der sich für die von ihm geschaffenen
Werke interessiert. Der Künstler muß nicht einmal unmittelbar an diesen Partner denken. Doch muß auf irgendeine
Art mitteilbar sein, was er als Künstler schafft.

[2. Das Höhere:] In der Ermittlung bestimmter Postulate,
die nicht beliebig zu relativieren sind, wenden wir uns dem
zweiten Fragenkreis zu. Er betrifft bei aller Anerkennung
des geschichtlich Relativen eine übergeschichtlich-norma-
tive Forderung des »Höheren«, wie wir sie einstweilen,
noch unbestimmt genug, umschreiben wollen. Vom Dichter
fordert Novalis Erhebung, und er hat über ihre Formen und
Möglichkeiten unablässig nachgedacht. [...] Das Wort »Erhebung« ist für Novalis wie für seine Zeitgenossen mit
Sinngehalt erfüllt. Im 19. Jahrhundert geht dieser Sinngehalt verloren. Was übrigbleibt, ist allein das »Erhebende«
als eine Erbaulichkeit der Epigonen. Der Kunst kommt es
danach zu, die Welt zu verklären in der Harmonie, die
allseitiges Wohlgefallen erregt. Das Schöne ist das, was
harmonisch befriedigt. Als dieses Höhere und Erhebende
wird es zum selbstverständlichen und unreflektierten Postulat.
[...] Wir meinen mit dem Höheren eine Art von Norm im
übergeschichtlichen Sinn, eine bestimmte in aller Dichtung
wiederkehrende Struktur. Aber das geschichtlich Bedingte
wollen wir deshalb nicht aus dem Auge verlieren. [...]

Vom geschichtlichen Verstehen her sind wir angehalten, dem Alltäglichen in der Poesie sein gewisses Recht zu sichern. Aber alles verstehen heißt nicht alles verzeihen. Ein Höheres muß dennoch in jedem Gedicht anwesend sein, bei aller Anerkennung des Alltäglichen in unserer modernen Welt. Nur darf das Höhere nicht mit der unerträglichen Phrase von der geistigen Welt über dem Alltag, mit dem Ewigen und Allgemeingültigen, umschrieben werden, weil das der Wahrheit des Gemeinten widerspricht. Was wir im Spannungsgefüge von geschichtlicher Relativität und übergeschichtlichem Postulat erkunden wollen, ist demnach ein Höheres im Alltäglichen. [...]

Das erdichtete Ganze ist das »Höhere«; dasjenige, das über die unvermittelte Wirklichkeit hinausführt. So daß wir denselben Sachverhalt nur von einem anderen Blickwinkel aus betrachten, wenn wir das Erfordernis eines Höheren als die geforderte Ganzheit erläutern. Der höhere Standort wird stets ein solcher sein, auf den die Teile wie auf einen Fluchtpunkt zugeordnet sind. Damit begeben wir uns nachgerade in das Zentrum aller Wertungsprobleme. Denn ob immer innerhalb oder außerhalb der Literaturwissenschaft Probleme der literarischen Wertung erörtert werden, sind es die Probleme der geforderten Ganzheit allererst, vor denen man spricht. Und als Wertungsprobleme – gegenüber den Kriterien, die nur Interpretationskriterien sind – sind sie es dadurch vor allem, daß sie bestimmte Forderungen betreffen: solche einer *geforderten* Ganzheit.

[3. Das Ganze:] »Unstreitig ist die Sprache das allerwichtigste Element, wie der Poesie überhaupt, so speziell auch des Dramas, und jede Kritik täte wohl, bei ihr zu beginnen«, notiert sich Hebbel gelegentlich in sein Tagebuch.* Wir beziehen die Bemerkung als Vorwurf auf uns und haben uns zu rechtfertigen; denn weder haben wir mit der Sprache begonnen, noch haben wir einen eigenen Fragenkreis für

---

* Friedrich Hebbel: Sämtliche Werke. Hrsg. von R. M. Werner. Abt. II Tagebücher Bd. 3. 1903. S. 131.

ie vorgesehen. Dabei hält heute jede Wissenschaft von der Literatur das für eine Binsenwahrheit, was Hebbel sich einerzeit notierte. Dichtung ist das, was sie ist, als Sprache. Sie ist als Kunstwerk ein sprachliches Kunstwerk, und es st nur folgerichtig, daß an ihm gilt, was sprachlich gilt. Die Gesinnung eines Dichters mag so verbindlich sein, wie sie will – wenn er sie nicht in Sprache zu verwandeln weiß, bedeutet sie nichts. [...] Daß wir aber die Probleme des Ganzen mit einer Vorbemerkung über Sprache und Sprachkritik einleiten, hat seinen besonderen Grund. Er beruht im verhängnisvollen Mißverständnis der isolierten Sprachkritik, die heute bei dem Stand der Wissenschaft als gleichermaßen primitiv zu bezeichnen ist wie eine bloß weltanschauliche Wertung, die sprachliche Kriterien mißachtet. [...] Mit Sicherheit darf es keine isolierte Sprachkritik sein. Das ist eine solche, die sich zu voreiligen Urteilen versteht, ehe sie das Werk aus der Intention des Ganzen verstanden hat. Die isolierte Sprachkritik, gegen die wir uns mit Entschiedenheit wenden, basiert auf einem vielfach richtigen Sprachgefühl. Unangemessen gehandhabt wird es zumeist dadurch, daß Dichtungen wie Schulaufsätze »durchgegangen« werden, an denen das Sprachgefühl von Fall zu Fall, gleichsam mit roter Tinte, Anstoß nimmt – oft ohne jedes historische Bewußtsein und ohne Sinn für das Ganze des Werkes, von dem die beanstandete Wendung ihre dichterische Bedeutung erhält. [...]

Als die Einheit aller Teile oder des Mannigfaltigen ist das Ganze ein Kriterium, an das wir uns gern halten, wenn wir interpretieren. Als Erfordernis einer Integration der Teile ins Ganze ist es ein spezifisches Wertungsproblem. Und als Kriterien der Interpretation oder der Wertung sind die mit dem Begriff der Integration gebildeten Wortverbindungen heute überall üblich.

4. Das Wahre:] Ein weiterer Gesichtspunkt, der die sogenannte Kitschliteratur ins Herz trifft, das sie sicher hat, ist mit der Unwahrhaftigkeit und Verlogenheit gemeint, die

als »Rückwendung ins Historische« glücklich bezeichne
wird: eine wie immer motivierte Flucht vor der Wirklich
keit. Wir sehen uns damit auf einen anderen Aspekt in
Umkreis unserer Probleme verwiesen, auf die Probleme de
Wahren als einen weiteren Fragenkreis, als den wir ihn ver
stehen wollen.

Hier im Fragenkreis des Wahren oder eines Wahren – nich
der Wahrheit – dringt geschichtliches Denken gebieterisch
in die Wertungsprobleme ein. Hermann Broch handelt dar
über in dem Abschnitt »Kitschromantik«.* Sie ist selbst
verständlich als ein negatives Wertkriterium gemeint un
nur ein anderer Ausdruck für die Rückwendung zum Hi
storischen, von der oben die Rede war. Der Kitsch sei prin
zipiell reaktionär, meint Broch; der Blick in die Vergangen
heit sei zu kurz geraten. Er führt von hier aus seinen gehar
nischten Angriff auf den historischen Roman, den er al
Ausfluß eines solcherart konservativen Geistes betrachtet
[...] Die Sehnsucht nach einer schöneren Welt wird in de
Tat zur spannungslosen Schönfärberei. Dem historische
Roman, wie er sich im 19. Jahrhundert entwickelt hat
wohnt die Tendenz inne, jene Rückwendung zum Histori
schen zu vollziehen, die in der Unwahrheit der dargestell
ten Verhältnisse endet. Die Kategorie der Flucht dräng
sich auf. [...] Aber eine deutliche und eindeutige Anwei
sung, bei der man schon immer weiß, mit wessen Geiste
Kind man es zu tun hat, ist die Kategorie der Wirklichkeits
flucht keineswegs. [...] Das entscheidende Kriterium – hie
und sonst – ist nicht das vordergründig feststellbare Fak
tum der Wirklichkeitsflucht, sondern der Bewußtseinshal
tung, die sich als »Gegenstand« der Forschung anbiete
Literaturgeschichte geht in Bewußtseinsgeschichte über
Darin liegt ihre eigentliche Aufgabe.

[5. Das Menschliche:] Wir fragen nach einem wie imme
Menschlichen und vermeiden es mit Absicht, von de

* Hermann Broch: Der Kitsch. Essays I. 1955. S. 345 f.

Menschlichkeit oder von der Idee der Humanität zu sprechen, als handele es sich dabei um feststehende Begriffe.
[...]
Die Wissenschaft ist kein absoluter Wert, sondern »Wert«
für den Menschen. Ihr Anspruch oder ihr Wunsch, so weit
zu reichen wie möglich, liegt in diesem Wert beschlossen.
Es bezeichnet den humanen Ursprung ihres Wesens, daß
sie sich zu solcher »Reichweite« bekennt, wenn sie Gespräch
bleiben will – mit der Bedingung der Gesprächsmöglichkeit
gleichwohl, die ihr ein diabolisches Reich, wie »herrlich«
auch immer, verwehrt.
Auch die Kunst ist kein absoluter Wert, sowenig es darum
gehen kann, sie unbesehen anderen Instanzen zu unterstellen, die mit Hilfe fixierter Gesetzbücher darüber befinden,
was in ihr sein darf und was nicht sein soll. Das Eigen-
recht der Kunst geben wir nicht preis, und jede Wissenschaft von der Kunst hat es zu achten. Aber das Eigen-
recht der Kunst ist kein unbegrenztes Recht, wenn wir
wollen, daß es Kunst weiterhin gibt. Weil es nichts Unbegrenztes ist, haben wir über gewisse Grenzen nachzudenken
Anlaß. Diese Grenzen sind unser eigentliches Thema. Ihr
Bereich ist der Ursprungsbereich aller Probleme der literarischen Wertung. Die Freiheit ist daher keine Freiheit
schlechthin. Alle Kunst ist bezogen auf ein Jenseits der
Kunst. Der Gedanke wird in dem Buch von Wladimir
Weidlé, das in deutscher Sprache unter dem Titel *Die*
Sterblichkeit der Musen* erschien, eindrucksvoll entwik-
kelt, wenn es heißt: »Der kunstberaubte Mensch ist genau
so unmenschlich wie eine des Menschen beraubte Kunst.«
Daß die Kunst am Menschlichen teilhat, ist eine der Prä-
missen des Verfassers. Es ist eigentlich die conditio sine qua
non seiner Auffassung von Kunst, die ihn zu der grundsätzlichen und fordernden Formulierung ermächtigt: »Eine
Erneuerung der Kunst ist unmöglich, solange nicht ihre

* Wladimir Weidlé: Die Sterblichkeit der Musen. Betrachtungen über
Dichtung und Kunst in unserer Zeit. Deutsche Ausgabe von K. A.
Horst. 1958. S. 46–174.

geistige Grundlage und ihr menschlicher Kern wiedererrungen sind. Kunst ist nicht mehr Kunst, wenn sie sich nur noch als Kunst erkennt und nichts weiter als Kunst sein will. Wenn ihr außer der Kunst nichts sucht, werdet ihr auch keine Kunst haben.« [...]

Das Jenseits der Kunst, wie es hier ausgelegt wird, weist also über die Kunst hinaus und liegt doch zugleich in ihr. Es ist dem geschichtlichen Wandel unterworfen und doch zugleich auf ein Unwandelbares bezogen. Denn wir sind weit entfernt, die Kunst einem ein für allemal gültigen Moralkodex zu unterstellen, einem unveränderlichen Humanitätsideal, das, einmal zum Gesetzbuch erhoben, für alle Zeiten gültig bleibt. Die Spannung zwischen dem geschichtlich Bedingten und dem übergeschichtlich Unbedingten erhält vom letzten unserer Problemkreise her ihre unbestreitbare Dringlichkeit. [...]

Schön – wenn das Wort auf Umwegen wieder einzuführen ist – wäre demnach das, worauf die dargestellte Wirklichkeit zielt: ein Höheres, Ganzes und Wahres, das was sich immer auch als ein Menschliches bezeugen muß, und wär es nur als Frage. Das Schöne des Kunstwerks stellt sich von selbst wieder ein, wenn die Kunst bestimmten Forderungen entspricht, die wir, bei aller Offenheit für die Wandlungen des geschichtlichen Lebens, nicht preiszugeben bereit sind. Was wir dergestalt wieder als ein Schönes zu bezeichnen wagen, unterscheidet sich von der konventionellen Schönheit in jedem Fall durch seine größere Spannweite. Sie erreicht ihr Äußerstes in der Spannung zwischen der gegebenen Unmenschlichkeit heute und der seit je geforderten Kunst. Die Kluft, die sich dabei auftut, halten manche für unüberbrückbar.

B. Neuere Tendenzen

9. Helmut Kreuzer:
Trivialliteratur als Forschungsproblem (1967)

*In den sechziger Jahren setzt eine allgemeine Um- bzw.
Neuorientierung der Wertungstheorie ein. Die Diskussion
enthält entscheidende Impulse durch die Einbeziehung der
sog. Trivialliteratur. 1967 wendet sich unter anderen Kreuzer in scharfer Kritik gegen eine literarische Grenzziehung
zwischen Kunst und Unkunst bzw. eine Einteilung der
Literatur in eine höherwertige Ober- und eine minderwertige Unterklasse (sog. dichotomisches Modell). Aufgrund des
dichotomischen Denkens werde Trivialliteratur »horizontal, unter dem Strich« zusammengefaßt, statt sie vertikal
unter vielfältig abgestuften Kriterien zu differenzieren.
Kreuzer fordert Verzicht auf Klassifikation und auf literarische Kampfbegriffe. Er verurteilt ebenso den abwerten-
den Begriffsgebrauch, wonach Trivialliteratur mit Kitsch
und Schund gleichgesetzt wird, wie ihre Zuordnung zur
Unkunst aufgrund stilistischer Merkmale. Die häufig ange-
führten Stilzüge seien auch in der hohen Literatur der entsprechenden Epochen anzutreffen und bezeichneten daher
keine Kriterien für Trivialität, sondern höchstens eine For-
men- und stilgeschichtliche Zugehörigkeit. Kreuzer wendet
sich aber auch gegen eine literatursoziologische Methode,
die Trivialliteratur aufgrund ihrer Funktion als bedürfnis-
befriedigende Gebrauchsliteratur einer ästhetischen Beurteilung entziehen will. Da innerhalb der Marktwirtschaft
alle verkaufte Literatur Warencharakter habe, müßten auch
Frauen-, Wildwest- und Kriminalromane literaturwissenschaftlich untersucht und bewertet werden.*

Wenn man davon durchdrungen ist, daß innerhalb der lyrischen oder fiktionalen Literatur, innerhalb der »gedichte-
ten« Literatur eine objektiv gültige Grenzlinie zwischen

Kunst und Unkunst existiert – dieser Schnitt einen qualitativen *Sprung* anzeigt, daß zwischen den Werken der Literatur und der sogenannten Trivialliteratur keine graduellen, sondern prinzipielle und kategoriale Unterschiede bestehen, dann ist man zwangsläufig versucht, die Werke der unteren Klasse überhaupt nur unter dem Aspekt der Trivialität zu betrachten – verstanden als Abweichung von der Oberklasse. Man kann dann immerhin [...] sich theoretisch und praktisch vom orthodoxen Standpunkt abwenden, am Ende rechtfertigt man ihn wieder, da man die Dichotomie ja nicht methodisch aufhebt, sondern der Methode voraussetzt. Statt ästhetische Familien verwandter geschichtlich und gattungsmäßig zusammengehöriger Werke oder Stilphänomene – unabhängig von ihrer traditioneller Einordnung in Literatur oder Trivialliteratur – *vertikal* in der Betrachtung zusammenzufassen und vergleichend in ihrem Rang zu differenzieren, gegeneinander abzuwägen läßt man sich von der Dichotomie dazu verführen, daß man in der Untersuchung ausschließlich Werke, die man für schlecht hält, lediglich *horizontal* – »unter dem Strich« - zusammenfaßt, um sie in ihrer Gesamtheit, undifferenziert einem scheinbar geschlossenen Kollektiv der Dichtungen negativ zu konfrontieren.
Während eine *vertikale* Betrachtung sehr vielfältige Gesichtspunkte und Kriterien der abgestuften immanenten *Differenzierungen* zu entwickeln hätte, gerade weil sie kategoriale Gleichheit voraussetzt, ist die *horizontale* innerhalb des Ghettos der Trivialliteratur auf kollektive *Charakterisierung* gerichtet, weil sie das kategoriale Anderssein der Trivialliteratur voraussetzt. [...]
[Der praktisch undifferenzierbare Begriff der Trivialliteratur] erfaßt die heterogensten Werke und täuscht dennoch - gleich dem Kitschbegriff – eine positiv aufweisbare, z. B stilistische Gemeinsamkeit vor, während sie doch nur eine Negation verbindet: die Abweichung von irgendeiner historischen Kunstauffassung oder Geschmacksnorm. Wie der Kitschvorwurf in der Literatur die *Gartenlaube* und den

Surrealismus, die Reportage und den Detektivroman, Produktionen von Goethe und Stendhal, Klopstock und Zola, Richard Wagner und der Courths-Mahler, Gerhart Hauptmann und Musil, Kasimir Edschmid und Georg Trakl treffen kann (und getroffen hat) – so in der bildenden Kunst und ihren Nachbargebieten Werke von Raffael wie Dali, Defregger wie Franz Marc, die Kuckucksuhr wie den Nierentisch.

Dennoch können beide Begriffe sinnvoll verwendet werden, nicht nur als literarische Kampfmittel, sondern auch in der Wissenschaft: wenn wir nämlich den historisch wie soziologisch variierenden Kitschbegriff als spontanes Schlagwort der Künstlersprache, der publizistischen Kritik, der Umgangssprache des Publikums, das heißt als wichtiges subjektives Rezeptionsphänomen begriffsgeschichtlich studieren, aus einem analytischen Instrument in ein kulturhistorisches Objekt der Wissenschaft transformieren, aus einem poetologischen Terminus der Werkanalyse in einen Begriff der empirischen Wirkungsforschung und Geschmacksgeschichte, der Geschichte der Kunstauffassungen und des Kunstwollens seit 1880.

Entsprechendes gilt für den Begriff der Trivialliteratur. Daß auf Grund historischer und geschmackssoziologischer Bedingungen ein Teilbereich der Literatur pauschal kanonisiert, ein anderer pauschal diskriminiert wird, daß und wie sich in einer zeitgenössischen Geschmacksträgergruppe oder -schicht ein Konsensus über die literarische Toleranzgrenze zwischen diesen Bereichen herausbildet, dies sind Phänomene von wissenschaftlichem Interesse.

Dementsprechend funktionieren wir den Begriff um: aus einem unmittelbar ästhetischen zu einem unmittelbar historischen – und definieren Trivialliteratur als Bezeichnung des Literaturkomplexes, den die dominierenden Geschmacksträger einer Zeitgenossenschaft ästhetisch diskriminieren. Diese Diskriminierungen sind weder für die Wertungen der Wissenschaft noch für die jeweils späteren Epochen verbindlich. Dann würde es also nicht mehr *die* Tri-

vialliteratur als Gegenstand der Stilistik oder systemat
schen Ästhetik geben, sondern Trivialliteraturen als histo
risch vorfindbare Epochenphänomene. Und dann – in de
Distanzierung zum Objekt – könnte auch die literarisch
Dichotomie der zitierten Autoren aufschlußreich werden
die Trivialitätskriterien, mit denen man sie gegenwärtig z
rechtfertigen versucht, könnten als symptomatische Doku
mente der literarischen Frontbildungen von *heute* Beach
tung verdienen, gerade wenn sie literar*historisch* – für de
geschichtlichen Blick – offenkundig falsch sind, wie zur
Beispiel die Annahme Schwertes, Poesie sei »immer Auf
klärung«, Trivialliteratur »immer antiaufklärerisch«[6]. [. . .]
Resümieren wir: Die Dichotomie von Kunst und Kitsch
Dichtung und Trivialliteratur hält einer objektiven Analys
nicht stand; auch ihr heuristischer Wert erscheint zumindes
problematisch, wenn man ihn nach den Forschungen zu
Trivialliteratur und nach der Kitschdiskussion beurteilt
Legitimer Gegenstand der Literaturwissenschaft und Spiel
raum ihrer Wertungen ist der Gesamtbereich der fiktiona
len und lyrischen Literatur nebst der Mitteilungsprosa, di
auf das epochale Bewußtsein außerhalb partikularer Fach
grenzen unmittelbar einwirkt. Der Begriff Trivialliteratu
ist jedoch wissenschaftlich sinnvoll unter historisch-ge
schmackssoziologischem Aspekt zur Bezeichnung der Lite
ratur unterhalb der literarischen Toleranzgrenze der lite
rarisch maßgebenden Geschmacksträger einer Zeit. Dabe
ist im Auge zu behalten, daß neben dieser dominierenden
entwicklungsgeschichtlich und literarhistorisch relevante
Grenzziehung eine literatursoziologische Forschung weiter
Toleranzgrenzen entsprechend der Differenzierung des Pu
blikums nachweisen könnte.
Eine historische Untersuchung dieser Trivialliteraturen setz
daher voraus, daß nicht die abgelösten Werke als objekti
vierte ästhetische Wertträger untersucht werden, sondern di

6. Kreuzer beruft sich hier auf Hans Schwerte: Bericht über Erfah
rungen auf einer Arbeitsgemeinschaft Deutsche Literaturwissenschaft de
Fritz-Thyssen-Stiftung am 15./16. Jan. 1965 in Frankfurt. S. 60 f.

Literatur als Information, als Botschaft aufgefaßt wird, die von einem Sender mittels einer Zeichenfolge an einen Empfänger gerichtet ist, dergestalt, daß keines der drei Elemente dieses Kommunikationssystems unbeeinflußt vom Charakter der anderen Elemente gedacht werden kann. Literatur und Trivialliteratur werden in einer derartigen Untersuchung als historisch zusammengehörige, unter Umständen komplementäre Erscheinungen des literarischen Lebens zum Untersuchungsobjekt. So verbindet sich mit diesen Betrachtungen die Hoffnung, daß eine wissenschaftliche Umfunktionierung des Begriffs Trivialliteratur zum Anstoß für eine Geschichte des literarischen Lebens werden könnte, die für den deutschen Sprachraum noch kaum in Angriff genommen ist und ein Zusammenwirken mehrerer Disziplinen erfordert. Sie sollte die traditionelle Literaturgeschichte nicht ersetzen, sondern ergänzen und insofern auch fördern, als die entwicklungsgeschichtliche Betrachtung und die funktionale Interpretation eines Werkes aus der Erkenntnis einer Rolle und Funktion im literarischen Leben Nutzen zu ziehen vermag.

10. Jan Mukařovský: Ästhetische Funktion, ästhetische Norm und ästhetischer Wert als soziale Fakten (1966/1970)

Erst nach 1970 beginnt in Deutschland die Auseinandersetzung mit den bereits in den dreißiger Jahren verfaßten Schriften des tschechischen Literaturwissenschaftlers Mukařovský. Er definiert das Ästhetische mit Hilfe von drei eng aufeinander bezogenen Begriffen als den Bereich »der ästhetischen Funktion«, »der ästhetischen Norm« und »des ästhetischen Werts«. Alle drei Phänomene haben nur im Hinblick auf den Menschen als soziales Wesen Geltung und sind daher als »soziale Fakten« zu begreifen.
»Die F u n k t i o n der Dichtung ist ihre Wirkung auf die

Gesellschaft mit der Zielrichtung auf einen bestimmten Wert. Die dem dichterischen Werk als einer künstlerischen Äußerung angemessene Funktion ist die ästhetische, außer ihr kann die Dichtung noch viele andere, außerästhetische Funktionen annehmen« (*Jan Mukařovský: Kapitel aus der Poetik. Frankfurt a. M. 1967. S. 39 f.*). Obwohl der Wirkungsbereich der ästhetischen Funktion weiter ist als der der Kunst und sie alle Lebensbereiche erfaßt (z. B. Fragen der Kleidung, des Lebensstils, des Wohnens), dominiert sie in der Kunst. Sie lenkt die Aufmerksamkeit auf Aufbau und Bedeutung des literarischen Werkes, ohne dadurch die anderen Funktionen (ideologische, politische, religiöse usw.) zu verdrängen. Zwar ist die Grenze zwischen dem Ästhetischen und Außerästhetischen fließend, aber durch die ästhetische Funktion wird doch ein Unterschied markiert. Sie ist keine reale Eigenschaft des Gegenstandes, sondern wird diesem durch den Rezipienten beigelegt, ist somit wandelbar. Geltung kann sie jedoch nur erlangen, wenn sie durch das Kollektiv (d. h. die Gemeinschaft, das gesellschaftliche Ganze, »das im Innern in Schichten und Umweltbereiche gegliedert ist«) stabilisiert wird. Dabei wird sie von der im kollektiven Bewußtsein verankerten N o r m reguliert. Die ästhetische Norm, die die Interpretation und Wertung eines literarischen Werkes vermittelt, gründet auf der »dialektischen Antinomie« zwischen dem Anspruch auf allgemeine Verbindlichkeit und faktischer Begrenztheit und Wandelbarkeit. Sie ist daher nicht als unveränderliche Regel, sondern als komplizierter, sich ständig erneuernder Prozeß zu verstehen. Die ästhetischen Normen lassen sich nach verschiedenen (sozialen und biologischen) Aspekten differenzieren, so daß eine gleichzeitige Konkurrenz verschiedener Normensysteme möglich ist. Während außerhalb der Kunst die Erfüllung der Norm synonym mit Wert ist, neigt die ästhetische Norm in der Kunst eher dazu, Traditionen zu durchbrechen. Hier ist daher der ästhetische Wert der Norm übergeordnet, denn ihre bedingungslose Erfüllung gilt eher als Kennzeichen des Kitsches. Durch den ästhetischen

Wert wird die im Kunstwerk enthaltene Ansammlung außerästhetischer Werte zueinander in Beziehung gesetzt, vor allem schafft er eine Beziehung zu denjenigen Werten, die die Lebenspraxis des aufnehmenden Kollektivs bestimmen. Durch dieses Spannungsverhältnis, mit dem sich der Mensch aktiv auseinandersetzen muß, ergibt sich eine Möglichkeit, seine Einstellung zur Wirklichkeit zu beeinflussen. - Zu Mukařovský vgl. Hans Günther: Grundbegriffe der Rezeptions- und Wirkungsanalyse im tschechischen Strukturalismus. In: Poetica 4 (1971) S. 224–243.

[Die ästhetische Funktion]

Die ästhetische Funktion nimmt im Leben des einzelnen und der Gesellschaft einen wichtigen Platz ein. Der Kreis der Menschen, die in einen unmittelbaren Kontakt mit der Kunst geraten, ist zwar sehr begrenzt – einerseits durch die relative Seltenheit der künstlerischen Begabung oder wenigstens deren gelegentliche Begrenzung auf bestimmte Bereiche der Kunst, andererseits durch die Schranken der sozialen Schichtung (begrenzte Möglichkeit des Zugangs zu den Kunstwerken und zur ästhetischen Erziehung für gewisse Gesellschaftsschichten), doch erfaßt die Kunst mit den Folgen ihrer Wirkung auch Menschen, die keine unmittelbare Beziehung zu ihr haben (z. B. die Wirkung der Poesie auf die Entwicklung des Sprachsystems). Darüber hinaus hat die ästhetische Funktion einen weit größeren Wirkungsbereich als die Kunst selbst. Ein beliebiger Gegenstand und ein beliebiges Geschehen (ein natürliches oder vom Menschen verursachtes) können Träger der ästhetischen Funktion werden. Diese Behauptung bedeutet keinen Panästhetismus, denn: 1. wird damit nur eine allgemeine Möglichkeit, nicht jedoch die Notwendigkeit der ästhetischen Funktion ausgedrückt, 2. wird nicht die führende Stellung der ästhetischen Funktion unter den übrigen bei den gegebenen Erscheinungen für den ganzen Bereich der ästhetischen

Funktion präjudiziert, 3. geht es nicht um eine Vermengung der ästhetischen Funktion mit anderen, oder darum, daß die anderen Funktionen als bloße Varianten der ästhetischen Funktion aufgefaßt werden. Wir bekennen uns damit nur zu der Auffassung, daß es keine feste Grenze zwischen dem ästhetischen und dem außerästhetischen Bereich gibt. [...]

Die Frage der ästhetischen Wertung von Kunstwerken unterscheidet sich grundlegend von der Frage der Grenzen der Kunst – auch das Kunstwerk, das wir von unserem Standpunkt aus negativ beurteilen, gehört in den Kontext der Kunst, denn gerade im Hinblick auf sie wird es gewertet. In der Praxis ist es allerdings bisweilen sehr schwierig diesen theoretischen Grundsatz einzuhalten [...]. Wenn wir gegenüber solch einem Produkt (z. B. einem »Dienstmädchenroman« oder Guckkastenbildern) die Frage stellen, ob es als Kunst wirke, dann kann es leicht geschehen, daß wir die Feststellung der Funktion mit der Wertung verwechseln.

Wie ersichtlich, sind die Übergänge von der Kunst zum außerkünstlerischen Bereich, ja auch zum außerästhetischen so wenig feststellbar und ist deren Ermittlung so kompliziert, daß eine strenge Begrenzung in der Tat illusorisch ist. Muß man also auf jeden Versuch einer Grenzbestimmung verzichten? Wir meinen dennoch, daß der Unterschied zwischen der Kunst und dem Bereich der bloß »ästhetischen« Erscheinungen fundamental ist. Worauf beruht er? Darauf daß in der Kunst die ästhetische Funktion die dominierende ist, während sie außerhalb, auch wenn sie gegenwärtig ist, eine zweitrangige Stellung einnimmt. [...]

Es gibt weder strenge Grenzen noch eindeutige Kriterien die die Kunst von dem unterscheiden würden, was außerhalb von ihr ist. Im Laufe ihrer Entwicklung verändert die Kunst unaufhörlich ihre Ausdehnung: sie erweitert und verengt sich. Dennoch – und gerade deshalb – bewahrt die Polarität von Über- und Unterordnung der ästhetischen Funktion in der Hierarchie der Funktionen ihre uneingeschränkte Gültigkeit; ohne diese Polarität würde die Ent

icklung des ästhetischen Bereichs ihren Sinn verlieren,
enn gerade sie zeigt die Dynamik des kontinuierlichen
ntwicklungsprozesses an.

ls Bilanz dessen, was bis jetzt von der Ausbreitung und
Virkung der ästhetischen Funktion gesagt wurde, kann
an dies vermerken: 1. Das Ästhetische ist weder eine reale
igenschaft der Dinge noch eindeutig an bestimmte Eigen-
chaften der Dinge gebunden. 2. Die ästhetische Funktion
on Dingen ist nicht völlig in der Macht des Individuums,
venn auch aus rein subjektiver Sicht etwas ohne Rücksicht
uf seine Gestaltung eine ästhetische Funktion erhalten (oder
erlieren) kann. 3. Die Stabilisierung der ästhetischen Funk-
ion ist Sache eines Kollektivs, und die ästhetische Funktion
st Bestandteil des Verhältnisses zwischen dem menschlichen
Kollektiv und der Welt. Daher ist die bestimmte Ausbrei-
ung der ästhetischen Funktion in der Welt der Dinge an
ine bestimmte gesellschaftliche Ganzheit geknüpft. Die Art
nd Weise, wie sich diese gesellschaftliche Ganzheit zur
sthetischen Funktion verhält, bestimmt letztlich auch die
bjektive Gestaltung der Dinge mit dem Ziel einer ästheti-
chen Wirkung und das subjektive ästhetische Verhältnis zu
en Dingen. Zu Zeiten etwa, da das Kollektiv eine Neigung
u starker Betonung der ästhetischen Funktion hat, ist auch
em Individuum eine größere Freiheit in der Herstellung
iner ästhetischen Beziehung zu den Dingen gegeben, sei es
m aktiven Sinne (bei ihrer Gestaltung), sei es im passiven
bei ihrer Rezeption).

Die ästhetische Norm]

Vir gehen von einer allgemeinen Erörterung des Werts und
er Norm aus. Hierbei nehmen wir die teleologische Defini-
ion des Werts als Fähigkeit einer Sache, der Erreichung
ines bestimmten Zieles zu dienen, an; es ist natürlich, daß
ie Bestimmung des Ziels und die Ausrichtung auf es von
inem bestimmten Subjekt abhängig sind und daß daher in

jeder Bewertung ein Moment des Subjektiven enthalten ist
Ein extremer Fall ist dann gegeben, wenn ein Individuum
irgendeine Sache vom Standpunkt eines ganz individuelle
Ziels beurteilt. Hier kann sich die Bewertung nach gar kei
ner Regel richten und hängt gänzlich von der freien Ent
scheidung des Individuums ab. Weniger isoliert ist der Ak
der Bewertung in solchen Fällen, in denen zwar ihr Ergeb
nis auch nur für das Individuum gilt, gleichzeitig aber ei
Ziel betrifft, das dem Individuum aus früheren Erfahrun
gen bekannt ist. Hier kann man die Bewertung an eine
bestimmten Regel orientieren, über deren Verbindlichkei
in jedem gegebenen Fall das Individuum selbst entscheidet
deshalb hängt auch hier letzten Endes die Entscheidun
vom freien Willen des Individuums ab. Von einer wirk
lichen Norm kann man erst dann sprechen, wenn es sich
um allgemein anerkannte Ziele handelt, denen gegenübe
der Wert als unabhängig vom Willen des Individuums und
von seinem subjektiven Entschluß existierend empfunde
wird, mit anderen Worten: als Gegebenheit des sogenann
ten kollektiven Bewußtseins; hierher gehört unter anderen
auch der ästhetische Wert, der das Maß des ästhetischer
Wohlgefallens angibt. In solchen Fällen ist der Wert stabili
siert durch die Norm, nämlich die allgemeine Regel, die
auf jeden konkreten Fall anzuwenden ist, der ihr unter
worfen wurde. Es kann sein, daß das Individuum mit die
ser Norm nicht übereinstimmt oder sich gar bemüht, sie zu
verändern, aber es kann nicht ihre Existenz und kollektive
Verbindlichkeit in dem Augenblick leugnen, in dem es wer
tet, sei es auch im Widerspruch zur Norm. [...]
Die Geschichte der Kunst ist, wenn wir sie aus der Sicht de
ästhetischen Norm betrachten, eine Geschichte der Aufleh
nung gegen die herrschenden Normen. Hieraus ergibt sich
der eigentümliche Charakter der lebenden Kunst, daß näm
lich in dem Eindruck, den sie vermittelt, das ästhetische
Wohlgefallen mit Mißbehagen gemischt ist. [...] So ist es
in der Geschichte der Künste immer: keine Periode der
Entwicklung entspricht ganz der Norm, die sie von der

vorangegangenen Periode übernommen hat, sondern sie schafft, indem sie zerstört, eine neue Norm. Ein Werk, das ganz einer überlieferten Norm entspräche, wäre typisiert und wiederholbar; dieser Grenze nähern sich jedoch nur epigonale Werke, während ein originäres Kunstwerk unwiederholbar und seine Struktur, wie gesagt, gerade wegen der ästhetischen Vielfalt der Elemente, die es zu einer Einheit verschmilzt, unteilbar ist. Im Lauf der Zeit wird jedoch das Empfinden der Widersprüche, die die Struktur bis jetzt nur gewaltsam ausgeglichen hatte, verwischt: das Werk wird tatsächlich zu einer Einheit und »schön« im Sinne des durch nichts gestörten ästhetischen Wohlgefallens. [...] Alles, was wir hier von dem Prozeß der Normbildung gesagt haben, gilt in vollem Sinne nur für *ein* Gebilde, von der Kunst, die wir in Ermangelung eines besseren Begriffs die »hohe« nennen. Es ist die Kunst, deren Träger die herrschende Gesellschaftsschicht ist (mit Einschränkungen, von denen weiter unten die Rede sein soll). Die hohe Kunst ist die Quelle und die Erneuerin der ästhetischen Normen; es gibt neben ihr noch andere Gebilde des Künstlerischen (z. B. die Salon-, Boulevard- und Volkskunst), doch übernehmen diese in der Regel von der hohen Kunst die bereits ausgebildete Norm. [...]

Es besteht immer zur gleichen Zeit im gleichen Kollektiv eine ganze Reihe von ästhetischen Normsystemen. Wir wissen über sie nicht nur aus der objektiven Erfahrung Bescheid, sondern auch aus der subjektiven. So wie jeder von uns in der Lage ist, sich in verschiedenen Gebilden der gleichen Sprache auszudrücken, z. B. in mehreren sozialen Dialekten, so sind uns auch subjektiv einige ästhetische Normsysteme verständlich, obgleich in der Regel nur eines von ihnen uns vollkommen adäquat ist und zum Bestand unseres persönlichen Geschmacks gehört. Das Nebeneinander verschiedener Normsysteme im gleichen Kollektiv verläuft jedoch keineswegs ruhig: jedes hat die Tendenz, allein gelten zu wollen und die anderen zu verdrängen; dies folgt aus dem Anspruch der ästhetischen Norm auf absolute Verbindlichkeit, von dem bereits die Rede war. Besonders stark äußert sich die Expansivität der jüngeren Normsysteme gegenüber den älteren. Durch diese gegenseitige Inkompatibilität[7] wird freilich der gesamte ästhetische Bereich ununterbrochen in Bewegung gehalten. [...]

Die verschiedenen ästhetischen Normsysteme unterscheiden sich voneinander, wie gesagt, durch ihr relatives Alter. Diese Unterscheidung ist jedoch nicht nur zeitlich, sondern auch qualitativ. Je älter nämlich ein Kanon ist, desto verständlicher ist er und um so weniger Hindernisse legt er der Aneignung in den Weg. Man kann daher von einer wirklichen Hierarchie der ästhetischen Normsysteme sprechen, deren Gipfel der jüngste, am wenigsten mechanisierte und am wenigsten mit anderen Gattungen von Normen verknüpfte Kanon einnimmt. Um so niedriger jedoch sind die älteren, mechanisierteren und unter die übrigen Gattungen von Normen verflochtenen Normsysteme.

[Der ästhetische Wert]

Nach der ästhetischen Funktion und Norm ist nun der ästhetische Wert zu erörtern. Es könnte bei flüchtiger Betrachtung erscheinen, als wäre die Problematik des ästhetischen Werts mit der Abhandlung über die ästhetische Funktion, die Kraft also, die den Wert schafft, und über die ästhetische Norm, die Regel, die ihn mißt, bereits erschöpft. Es wurde jedoch schon in den beiden vorangehenden Kapiteln dargelegt: 1. daß der Bereich der ästhetischen Funktion weiter ist als der Bereich des ästhetischen Werts im eigentlichen Sinne des Wortes, denn in den Fällen, wo die ästhetische Funktion nur eine andere Funktion begleitet, ist die Frage nach dem ästhetischen Wert bei der Beurteilung einer Sache, bzw. einer Handlung, nur sekundär; 2. daß die Erfüllung der Norm keine notwendige Voraussetzung de

7. Unverträglichkeit.

ästhetischen Werts ist, besonders dort, wo dieser Wert über die anderen dominiert, nämlich in der Kunst. Während außerhalb der Kunst der Wert der Norm unterworfen ist, ist hier die Norm dem Wert unterworfen: außerhalb der Kunst ist die Erfüllung der Norm synonym mit dem Wert; in der Kunst wird die Norm oft gebrochen und nur bisweilen erfüllt, aber auch in diesem Fall ist die Erfüllung ein Mittel, keineswegs das Ziel. Die Erfüllung der Norm erzeugt ästhetisches Wohlgefallen; der ästhetische Wert kann jedoch neben dem Wohlgefallen auch starke Elemente eines Mißbehagens enthalten und doch ein unteilbares Ganzes bleiben. [...]

Betrachten wir zunächst die Wandelbarkeit der aktuellen ästhetischen Wertung. Wir befinden uns damit gleich mitten im Bereich der Soziologie der Kunst. Vor allem ist zu betonen, daß das Kunstwerk keineswegs eine unveränderliche Größe darstellt: durch jede Verschiebung in der Zeit, im Raum und in der sozialen Umwelt verändert sich die aktuelle künstlerische Tradition, durch deren Prisma das Werk wahrgenommen wird, und unter dem Eindruck dieser Verschiebungen verändert sich auch das ästhetische Objekt, das im Bewußtsein der Mitglieder des jeweiligen Kollektivs dem materiellen Artefakt, der Schöpfung des Künstlers entspricht. Ein bestimmtes Werk, mag es auch in zwei voneinander entfernten Perioden gleichermaßen positiv gewertet worden sein, ist dennoch jedesmal ein anderes ästhetisches Objekt, also in bestimmtem Sinne ein anderes Werk. Es ist natürlich, daß sich bei diesen Verschiebungen des ästhetischen Objekts oftmals auch der ästhetische Wert verändert. [...]

Die Wandelbarkeit des ästhetischen Werts ist also keine bloß sekundäre Erscheinung, die sich aus einer »Unvollkommenheit« des künstlerischen Schaffens oder Wahrnehmens ergibt, aus der Unfähigkeit des Menschen, das Ideal zu erreichen, sondern sie gehört zum Wesen des ästhetischen Werts, der Prozeß ist und nicht Stand, *energeia* und nicht *ergon*. [...]

Der ästhetische Wert ist also ein Prozeß, dessen Verlauf einerseits durch die immanente Entwicklung der Struktur selbst bestimmt wird[8] (vgl. die aktuelle Tradition, vor deren Hintergrund jedes Werk gewertet wird), andererseits durch die Bewegung und die Verschiebungen der Struktur des gesellschaftlichen Zusammenlebens. Der Standort eines Kunstwerks auf der ästhetischen Wertskala und das Beharren auf dieser Stelle oder die Veränderung des Standorts bzw. das völlige Verschwinden von der Stufenleiter der ästhetischen Werte hängen von anderen Faktoren als nur von den Eigenschaften des materiellen Produkts des Künstlers ab, das allein überdauert, und von einer Zeit zur anderen, von einem Ort zum anderen, von einer gesellschaftlichen Umwelt zur anderen übergeht. [. . .]

Wir sind in unseren Erörterungen zu dem Punkt gelangt, von dem aus man das Verhältnis der in einem Werk enthaltenen ästhetischen und außerästhetischen Werte zueinander überschauen und ihr eigentliches Wesen erklären kann. [. . .

Wir sagten weiter oben, daß alle Elemente des Kunstwerks, die inhaltlichen wie die formalen, Träger außerästhetischer Werte sind, die innerhalb des Werks zueinander in Beziehung treten. Das Kunstwerk bietet sich letzten Endes als eine tatsächliche Ansammlung von außerästhetischen Werten dar und als nichts anderes als gerade diese Ansammlung. Die materiellen Elemente des Kunsterzeugnisses und die Art, wie sie als Gestaltungsmittel verwendet worden sind, treten als bloße Leiter der durch die außerästhetischen Werte verkörperten Energien in Erscheinung. Fragen wir in diesem Augenblick, wo der ästhetische Wert geblieben ist, dann zeigt es sich, daß er sich in die einzelnen außerästhetischen Werte aufgelöst hat und eigentlich nichts anderes ist als eine summarische Bezeichnung für die dynamische Ganzheit ihrer gegenseitigen Beziehungen. Die Unterscheidung eines »formalen« und eines »inhaltlichen« Ge-

8. Gemeint ist hier die Entwicklung innerhalb der Literatur in Beziehung zur Entwicklung der Gesellschaft.

ichtspunkts bei der Erforschung des Kunstwerks ist also
unrichtig. [...]
Die Vorherrschaft des ästhetischen Werts über die übrigen
Werte, die in der Kunst zum Ausdruck kommt, ist also
etwas anderes als eine bloß äußerliche Vorherrschaft. Die
Einwirkung des ästhetischen Werts besteht nicht darin, daß
er die übrigen Werte absorbierte oder verdrängte, sondern
darin, daß er zwar jeden einzelnen von ihnen von der unmittelbaren Beziehung mit dem entsprechenden existentiellen Wert losreißt, daß er aber dafür den gesamten im
Kunstwerk als einer dynamischen Einheit enthaltenen Komplex von Werten mit dem Gesamtsystem jener Werte in
Beziehung setzt, die die treibenden Kräfte der Lebenspraxis
des das Kunstwerk aufnehmenden Kollektivs bilden. Welchen Charakter und welchen Zweck hat diese Beziehung?
Man muß sich vor allem, wie erwähnt, vergegenwärtigen,
daß dieses Verhältnis selten von idyllischer Ruhe ist: in
der Regel sind die im Kunstwerk enthaltenen Werte sowohl
in ihrem Verhältnis zueinander als auch in ihrer jeweiligen
Qualität einigermaßen verschieden von der Struktur der
für das Kollektiv gültigen Werte. Es entsteht eine wechselseitige Spannung, und hierin liegt der eigentliche Sinn der
Wirkung der Kunst. Die Gesamtheit der Werte, die die
Lebenspraxis des Kollektivs leiten, ist in ihrer freien Bewegung durch den stetigen Zwang zur praktischen Anwendung der Werte eingeengt; eine Umstellung der einzelnen
Glieder der Hierarchie (eine Umwertung der Werte) ist
hier sehr schwierig und von schweren Erschütterungen der
ganzen Lebenspraxis des Kollektivs begleitet (Retardierung
der Entwicklung, Unsicherheit des Wertsystems, Atomisie-
rung der Werte bzw. revolutionäre Ausbrüche), während
die Werte im Kunstwerk – die alle von der aktuellen Verbindlichkeit gelöst sind, deren Gesamtheit jedoch nicht ihre
potentielle Gültigkeit verliert – ohne Schaden umgestellt
und umgestaltet werden können und die Fähigkeit haben,
sich zu neuen Gruppierungen zusammenzuschließen und
alte Gruppierungen aufzulösen, sich der Entwicklung der

gesellschaftlichen Situation und neuen Gebilden der jeweiligen Wirklichkeit anzupassen oder wenigstens die Möglichkeiten einer solchen Anpassung zu suchen.

In dieser Sicht erscheint die Autonomie des Kunstwerks und die Vorherrschaft des ästhetischen Werts und der ästhetischen Funktion in ihm keineswegs als Tilgerin der Beziehung zwischen dem Kunstwerk und der Wirklichkeit von Natur und Gesellschaft, sondern umgekehrt als deren belebende Kraft. [. . .]

Man kann daraus schließen, daß der unabhängige Wert des Kunstgebildes um so höher sein wird, je zahlreicher das Bündel von außerästhetischen Werten ist, die das Gebilde an sich binden kann, und je mehr es ihm gelingt, ihr wechselseitiges Verhältnis zu dynamisieren; dies alles ohne Rücksicht auf die Veränderungen von Epoche zu Epoche. Üblicherweise wird freilich der Eindruck der Einheit, den das Werk vermittelt, zum hauptsächlichen Maßstab des ästhetischen Werts gemacht. Die Einheit darf jedoch nicht statisch, als vollkommene Harmonie, aufgefaßt werden, sondern dynamisch, als Aufgabe, die das Werk dem Betrachtenden stellt [. . .]. Ein Werk, das darauf abzielt, eine ungestörte Harmonie mit den anerkannten existentiellen Werten herzustellen, wird zwar nicht als unästhetisch, aber doch als unkünstlerisch, als Kitsch empfunden. Erst eine Spannung zwischen den außerästhetischen Werten eines Werks und den existentiellen Werten des Kollektivs gibt dem Werk die Möglichkeit, auf das Verhältnis zwischen Individuum und Wirklichkeit einzuwirken; und dies ist die wesentlichste Aufgabe der Kunst. Man kann also sagen, daß der unabhängige ästhetische Wert eines Kunstgebildes um so höher und dauerhafter ist, je schwerer sich das Werk einer wörtlichen Interpretation aus der Sicht des allgemein angenommenen Wertsystems einer bestimmten Zeit und eines bestimmten Milieus unterwirft. Wenn wir zum inneren Aufbau des Kunstgebildes zurückkehren, dann werden wir uns unschwer darüber einigen, daß Werke mit starken inneren Widersprüchen – gerade wegen ihrer Spannung und der

110

daraus sich ergebenden Bedeutungsvielfalt – eine weit weniger geeignete Grundlage für eine mechanische Anwendung des ganzen Systems der praktisch gültigen Werte bieten als Werke ohne innere Widersprüche oder mit schwachen Widersprüchen. Auch hier erweist sich also die Vielgestalt, die Differenzierung und die Bedeutungsvielfalt des materiellen Kunstgebildes als potentieller ästhetischer Vorzug. Der unabhängige ästhetische Wert des künstlerischen Gebildes beruht allseitig auf einer Spannung, die zu lösen Aufgabe des Rezipierenden ist.

11. Hans Robert Jauß:
[Ästhetische Distanz als Wertkriterium] (1970)

Der deutsche Literaturhistoriker Jauß nimmt den leserorientierten Ansatz Mukařovskýs auf, wonach der Wert eines literarischen Werkes nach seinen Wirkungen auf den Rezipienten zu bestimmen ist. Er geht von der Frage aus, inwieweit das Werk in der Lage ist, neue Erfahrungen zu formulieren und vorgegebene Erfahrungen sowohl beim ersten als auch beim späteren Leser in Frage zu stellen. D. h., der ästhetische Wert wird nach der Fähigkeit des literarischen Werkes bemessen, den E r w a r t u n g s h o r i z o n t des Lesers zu übersteigen. Der aus der Soziologie Karl Mannheims übernommene Begriff bezieht sich auf die Erwartungen an Autor, Gattung, Stoff usw., die anhand anderer literarischer Werke und der allgemeinen historischen Situation entstanden sind. Die ä s t h e t i s c h e D i s t a n z nun zwischen dem Vorgegebenen und dem Neuen vermag einen H o r i z o n t w a n d e l herbeizuführen. Literatur bekommt bei Jauß auf diese Weise lebenspraktische Bedeutung für den Leser: »Die Erfahrung der Lektüre vermag ihn aus Adaptionen, Vorurteilen und Zwangslagen seiner Lebenspraxis freizusetzen, indem sie ihn zu neuer Wahrnehmung der Dinge nötigt. Der Erwartungshorizont der

111

*Literatur zeichnet sich vor dem Erwartungshorizont der
gesellschaftlichen Lebenspraxis dadurch aus, daß er nicht
allein gemachte Erfahrungen aufbewahrt, sondern auch un-
verwirklichte Möglichkeiten antizipiert, den begrenzten
Spielraum des gesellschaftlichen Verhaltens auf neue Wünsche, Ansprüche und Ziele erweitert und damit neue Wege
zukünftiger Erfahrungen eröffnet« (Literaturgeschichte als
Provokation, S. 202). – Zur Kritik an Jauß vgl. Schulte-
Sasse: Literarische Wertung, S. 101.*

Bezeichnet man den Abstand zwischen dem vorgegebenen
Erwartungshorizont und der Erscheinung eines neuen Werkes, dessen Aufnahme durch Negierung vertrauter oder
Bewußtmachung erstmalig ausgesprochener Erfahrungen
einen »Horizontwandel« zur Folge haben kann, als ästhetische Distanz, so läßt sich diese am Spektrum der Reaktionen des Publikums und des Urteils der Kritik (spontaner
Erfolg, Ablehnung oder Schockierung; vereinzelte Zustimmung, allmähliches oder verspätetes Verständnis) historisch
vergegenständlichen.

Die Art und Weise, in der ein literarisches Werk im historischen Augenblick seines Erscheinens die Erwartungen seines
ersten Publikums einlöst, übertrifft, enttäuscht oder wider-
legt, gibt offensichtlich ein Kriterium für die Bestimmung
seines ästhetischen Wertes her. Die Distanz zwischen Erwartungshorizont und Werk, zwischen dem schon Vertrau-
ten der bisherigen ästhetischen Erfahrung und dem mit der
Aufnahme des neuen Werkes geforderten »Horizontwandel«*, bestimmt rezeptionsästhetisch den Kunstcharakter
eines literarischen Werks: in dem Maße wie sich diese Distanz verringert, dem rezipierenden Bewußtsein keine Um-
wendung auf den Horizont noch unbekannter Erfahrung
abverlangt wird, nähert sich das Werk dem Bereich der
»kulinarischen« oder Unterhaltungskunst. Die letztere läßt
sich rezeptionsästhetisch dadurch charakterisieren, daß sie

---

* Zu diesem Husserlschen Begriff siehe G. Buck: Lernen und Erfahrung. Stuttgart 1967. S. 178.

keinen Horizontwandel erfordert, sondern Erwartungen, die eine herrschende Geschmacksrichtung vorzeichnet, geradezu erfüllt, indem sie das Verlangen nach der Reproduktion des gewohnten Schönen befriedigt, vertraute Empfindungen bestätigt, Wunschvorstellungen sanktioniert, unalltägliche Erfahrungen als »Sensation« genießbar macht oder auch moralische Probleme aufwirft, aber nur, um sie als schon vorentschiedene Fragen im erbaulichen Sinne zu »lösen«.* Wenn umgekehrt der Kunstcharakter eines Werkes an der ästhetischen Distanz zu bemessen ist, in der es der Erwartung seines ersten Publikums entgegentritt, so folgt daraus, daß diese Distanz, die zunächst als neue Sehweise beglückend oder auch befremdlich erfahren wird, für spätere Leser in dem Maße verschwinden kann, wie die ursprüngliche Negativität des Werkes zur Selbstverständlichkeit geworden und selbst als nunmehr vertraute Erwartung in den Horizont künftiger ästhetischer Erfahrung eingegangen ist. Unter diesen zweiten Horizontwandel fällt insbesondere die Klassizität der sogenannten Meisterwerke; ihre selbstverständlich gewordene schöne Form und ihr scheinbar fragloser »ewiger Sinn« bringen sie rezeptionsästhetisch in die gefährliche Nähe der widerstandslos überzeugenden und genießbaren »kulinarischen« Kunst, so daß es der besonderen Anstrengung bedarf, sie »gegen den Strich« der eingewöhnten Erfahrung zu lesen, um ihres Kunstcharakters wieder ansichtig zu werden.

---

* Hier nehme ich Ergebnisse der Diskussion über das Kitschige als Grenzerscheinung des Ästhetischen auf, die auf dem III. Kolloquium der Forschungsgruppe »Poetik und Hermeneutik« geführt wurde (jetzt in dem Band »Die nicht mehr so schönen Künste – Grenzphänomene des Ästhetischen«, ed. H. R. Jauß. München 1968). Für die »kulinarische« Einstellung, die bloße Unterhaltungskunst voraussetzt, gilt wie für den Kitsch, daß hier die »Forderungen der Konsumenten a priori befriedigt werden« (P. Beylin), daß »die erfüllte Erwartung zur Norm des Produkts wird« (W. Iser) oder daß ein »Werk, ohne ein Problem zu haben und zu lösen, den Habitus einer Problemlösung aufweist« (M. Imdahl).

12. Günter Waldmann: [Der formale und materiale Vorgang des Wertens] (1973)

Im Zusammenhang mit der Untersuchung der Trivialliteratur bemüht sich Waldmann, die Frage der literarischen Wertung primär rezipientenbezogen auf der Grundlage verschiedener moderner Konzeptionen zu fassen. Ihn interessiert weniger die Bewertung von Literatur als der Vorgang des Wertens, den er nach seiner formalen (textbezogenen) und materialen (rezipientenbezogenen) Seite differenziert. Ausgehend vom Kommunikationsmodell weist er nach daß eine Nachricht nur dann hochgewertet zu werden pflegt, wenn ihre Kodierung den Dekodierungsfähigkeiten und -gewohnheiten des Empfängers gemäß ist. Diese »Kodierungsadäquatheit« ist jedoch noch kein Wert an sich, sondern verwirklicht sich erst in der Nutzung bzw. Befriedigung von individuellen und gesellschaftlichen Bedürfnissen des Rezipienten (Bedürfnis des kulturellen und sozialen Prestiges, der Unterhaltung, der ästhetischen Befriedigung usw.) als »Gebrauchswert«. Am Beispiel der sog. Trivialliteratur zeigt sich jedoch, daß auch der sog. Warenwert des literarischen Marktes eine Rolle spielt: Wenn durch das gesellschaftliche System vermittelte künstliche Bedürfnisse geweckt werden, haben die Mittel der Befriedigung kaum noch realen Gebrauchswert, sondern nur noch Gebrauchswert-Schein. Der Bedürfnislage des Rezipienten müsse allerdings eine bestimmte Disposition bzw. »literarische Interessenrichtung« (abhängig von Veranlagung, Erziehung, Schichtzugehörigkeit, Freizeitgewohnheiten, literarischen Vorkenntnissen) entsprechen.

Der formale Vorgang literarischen Wertens

Fassen wir den ästhetischen Text als ein semiotisches Kommunikationssystem, das auf einem bestimmten Kommunikationskanal mit Hilfe bestimmter Kodierungen einem mpfänger eine Nachricht übermittelt, die dieser empfängt, ndem er die Kodierung der Nachricht dekodiert, so liegen ier Wertungsmöglichkeiten vor allem in dem Verhältnis les Empfängers zu der übermittelten Nachricht sowie zu hrer Kodierung: Die *Nachricht* ist für den Empfänger von Wert, wenn sie ihn betrifft und wenn sie für ihn wichtig st: wenn sie für ihn insgesamt (instrumental) relevant ist. Sie ist für ihn ohne Wert, wenn sie ihn nicht betrifft oder ür ihn unwichtig ist: wenn sie für ihn (instrumental) irrele-ant ist. Damit die *Kodierung* der übermittelten Nachricht ür den Empfänger von Wert ist, muß sie zunächst der zu ibermittelnden Nachricht gemäß sein; sodann müssen Sen-lerkode und Empfängerkode in solchem Maße kongruieren, laß die nach dem Senderkode verfaßte Kodierung den De-kodierungsmöglichkeiten des Empfängers angemessen ist: sie nuß insgesamt (funktional) adäquat sein. (Daß die Kodie-ung ohne zu große Störung auf dem Kommunikationskanal - »Rauschen« - empfangen werden muß, vernachlässigen vir.) Die Kodierung ist ohne Wert, wenn sie der zu über-nittelnden Nachricht nicht gemäß oder den Dekodierungs-nöglichkeiten des Empfängers nicht angemessen ist: wenn ie (funktional) inadäquat ist.

Eine Hochwertung einer kodierten Nachricht findet also . a. dann statt, wenn (1.) die übermittelte Nachricht den Empfänger betrifft und (2.) für ihn wichtig: wenn sie für hn (instrumental) relevant ist, und wenn sie (3.) der zu ibermittelnden Nachricht gemäß sowie (4.) den Dekodie-rungsmöglichkeiten des Empfängers angemessen kodiert: wenn ihre Kodierung (funktional) adäquat ist. – Eine Min-lerwertung einer kodierten Nachricht findet demgemäß i. a. lann statt, wenn (1.) die übermittelte Nachricht den Emp-fänger nicht betrifft oder wenn sie (2.) für ihn unwichtig st: wenn sie für ihn (instrumental) irrelevant ist, oder wenn (3.) ihre Kodierung der zu übermittelnden Nachricht ingemäß oder (4.) den Dekodierungsmöglichkeiten des Empfängers unangemessen: wenn ihre Kodierung (funktional) inadäquat ist.* Für eine Hochwertung ist mithin i. a. erforderlich, daß alle vier möglichen Bedingungen des Kommunikationsmodells zutreffen. Eine Minderwertung erfolgt i. a. dann, wenn eine oder mehrere seiner Bedingungen nicht erfüllt sind. Doch gilt das praktisch nicht strikt, sondern es ist oft so, daß Mängel z. B. in einem Bereich der Kodierungsadäquatheit aufgewogen werden durch starke Dominanzen im Bereich der Nachrichtenrelevanz und umgekehrt: Wenn eine Nachricht für mich außerordentlich wichtig ist, so kann ich mich über eine schlechte und unzweckmäßige Kodierung, kann mich darüber, daß die Kodierung meinen Dekodierungsfähigkeiten und -gewohnheiten eigentlich nicht entspricht, hinwegsetzen und die schlecht kodierte und mühsam dekodierte Nachricht dennoch hochwerten. Wenn die Form der Kodierung einer Nachricht, vor allem einer ästhetischen, besonders wohlgelungen ist oder in besonderem Maße meinen etwa ästhetischen Dekodierungsvorlieben entspricht, so kann mich das darüber hinwegsehen lassen, daß die übermittelte Nachricht mir eigentlich nicht so wichtig ist, und ich kann die kodierte Nachricht, etwa als »formvollendet«, trotzdem hochwerten.

Dieses allgemeine kommunikationstheoretische Modell gilt auch für das ästhetische Kommunikationssystem: für literarische Texte.** Nur sind, wenn es für literarische Wertung taugen soll, für die einzelnen Momente auch genuin ästhetisch-literarische Zeichenmomente einzusetzen: »Nachricht« meint nicht einfach einen Sachverhalt, der inhaltlich übermittelt wird, sondern eine »ästhetische Nachricht«; und »Kodierung« wie »Dekodierung« meinen dementsprechend die Verschlüsselung in ein »ästhetisches Zeichensystem« und

* Diese vier Bedingungen sind dergestalt, daß sie jeweils von der Nachricht aus nachrichtgerichtet (1.) und empfängergerichtet (2.) und vom Empfänger aus nachrichtgerichtet (3.) und empfängergerichtet (4.) bezogen sind.
** Im folgenden ist, wenn der Begriff »literarischer Text« gebraucht ist, stets ein literarisch-ästhetischer Text gemeint, andernfalls steht »pragmatischer Text«.

dessen Entschlüsselung. [...] Eine literarische Nachricht auf den Wert ihrer Kodierung hin zu betrachten, bedeutet demgemäß, danach zu sehen, ob etwa das thematische Sujet (z. B. »die Ermordung eines Diktators«) dazu dienlich ist, die bestimmte (z. B. die satirische, kritische oder die idyllische, humoristische usw.) Nachricht zu transportieren, und ob die gewählte (z. B. dramatische, lyrische usw.) literarische Gattung und die in ihr angewandten Vertextungsstrategien und Kodierungsformen es erreichen, an diesem thematischen Sujet die intendierte literarische Nachricht zu übermitteln.

Dabei sind es naturgemäß sehr viele Momente, die hier bedeutsam sind: Es ist das ganze Zeichensystem des literarischen Textes mit seinen verschiedenen Sektoren, beim epischen Text etwa die Zeichensektoren episches Geschehen, epische Figurengestaltung, epische Raum- und Zeitorganisation, Erzählform, Sprachgestaltung usw., es ist die Organisation dieser Sektoren nach Struktur, Bedeutungsabsicht, Wirkungsintention, Leserrolle usw., die als Kodierung für den Wert, den der literarische Text für den Rezipienten zur Übermittlung seiner literarischen Nachricht hat, eine Rolle spielen. [...]

Der materiale Vorgang des Wertens

[...] Wir betrachten zunächst den *Gebrauchswert*[9] literarischer Texte: Die Wahl eines bestimmten literarischen Textes und das Urteil über seinen Gebrauchswert richtet sich nach

9. Waldmann orientiert sich hier an den Definitionen von Marx im »Kapital«: »Die Nützlichkeit eines Dinges, seine Eigenschaft, menschliche Bedürfnisse irgendeiner Art zu befriedigen, macht es zum Gebrauchswert.« Vom Gebrauchswert ist der Tauschwert zu unterscheiden, den ein Ding dann hat, wenn es nicht mehr auf die konkrete Nützlichkeit seines Gebrauchs, sondern auf den abstrakten Tausch mit anderen Dingen hin: also als Ware in seinem Warenwert betrachtet ist: »Im Austauschverhältnis der Waren selbst erscheint uns ihr Tauschwert als etwas von ihren Gebrauchswerten durchaus Unabhängiges«: als »Warenwert« (vgl. Waldmann, S. 115).

der jeweiligen individuellen und gesellschaftlichen Bedürfnislage des jeweiligen Rezipienten und den aus ihr entspringenden Bedürfnissen, die er mit ihm befriedigen will. Das
können Bedürfnisse des kulturellen (und damit sozialen)
Prestiges sein, d. h., es kann ihm gehen um Bestätigung
seines Bildungsniveaus, seines literarischen Informations-
standes, seiner literarischen Urteilsfähigkeit, seines unent-
wegt aktuellen künstlerischen Geschmacks usw. Die vielfältigen Bedürfnisse der Unterhaltung können wichtig sein:
das Bedürfnis, sich durch Literatur zu entspannen, sich mit
ihr zu erholen, sich durch sie ablenken, entrücken, in
Wunschwelten versetzen zu lassen, das Bedürfnis, in ihr
Spannungen abzureagieren, Aggressionen zu entladen usw.
Von Belang können ästhetische Bedürfnisse im engeren
Sinne sein: etwa solche ästhetischen Wohlgefallens an har-
monischer Form, ausgewogener Gestaltung, künstlerischer
Anordnung, schöner Sprache usw. Es können Bedürfnisse
eine Rolle spielen, sich durch Literatur kritisch mit seiner
Umwelt auseinanderzusetzen, durch Literatur eine Erweiterung und Intensivierung seiner Wahrnehmung zu erfahren,
in Literatur von einem selbst oder seiner sozialen Gruppe
ungelebte und bislang unlebbare eigene und soziale Möglichkeiten zu erfahren. Es können Bedürfnisse wichtig sein,
sich durch Literatur in seine sozialen Bezugsgruppen integrieren und an ihre Normen anpassen zu lassen, sich das
Gesellschaftssystem, in dem man lebt, als richtig und un-
veränderbar affirmieren zu lassen, die Zwänge und Ver-
sagungen, die es einem auferlegt, als notwendig und unaus-
weichlich bestätigt zu bekommen usw. Es ist hier nicht
möglich, diese Bedürfnisse auch nur einigermaßen vollstän-
dig oder jeweils genau anzuzeigen. [...]
In dem Urteil über den Wert eines literarischen Textes
spielt sodann der *Warenwert* des literarischen Produkts
eine Rolle. Bei einer Literatur, die Massenbedürfnisse bedient, haben wir es im allgemeinen mit einer Literatur zu
tun, die produziert wird, um durch sie größtmöglichen
Profit zu erzielen. Das wird dadurch möglich, daß diese

Literatur durch die Art, wie sie Bedürfnisse befriedigt, diese ständig reproduziert und mit dem Produkt stets auch dessen Konsumenten produziert. Sie kann so mit verhältnismäßig sicheren und zum Teil sehr großen Konsumentenzahlen rechnen und hat wegen dieser Marktsituation unter anderem die Möglichkeit, rationelle Produktionsverfahren z. B. schematisierte Textherstellung nach wenigen gegebenen literarischen Mustern durch arbeitsteilige Autorenteams) und Distributionsweisen (durch Kioske, Kaufhäuser, Lebensmittelketten usw.) zu entwickeln. Die so produzierte und verteilte Literatur ist natürlich viel preisgünstiger als solche Literatur, deren Texte in langwieriger und kostspieliger, individueller Arbeit von einzelnen Autoren verfaßt, die in relativ kleinen Auflagen mit meist aufwendiger Ausstattung (Druck, Papier, Einband) von oft verhältnismäßig umsatzschwachen Verlagen produziert und durch kostenintensive Vertriebsorganisationen (Buchhandlungen) verkauft werden. Daß der Warenwert eines in dieser Weise für den Massenkonsum produzierten Textes sehr viel geringer ist als der eines aufwendiger produzierten, schlägt weithin auf die literarische Wertschätzung dieser Texte zurück, und es dokumentiert sich im Leserverhalten, nämlich darin, wie man und auch wo man das literarische Produkt konsumiert, darin, ob, wie und wo man es aufbewahrt, ob und mit wem man über es spricht usw. [...]

Doch kommen wir für die Analyse literarischen Wertens mit dem Gebrauchswert und dem Warenwert nicht aus. Wenn wir einfach ansetzen, daß ein literarischer Text der Befriedigung individueller und gesellschaftlicher Bedürfnisse dient, übergehen wir, daß solche Bedürfnisse durchaus nicht ohne weiteres auf eine Befriedigung durch Literatur abzielen: Unterhaltungs-, Selbstbestätigungs-, Prestigebedürfnisse zum Beispiel können auf vielfache Art (etwa durch Skatspielen, Sportbetätigung, prestigeorientiertes Konsumverhalten) und müssen durchaus nicht mit Literatur befriedigt werden. Es ist eine besondere Disposition erforderlich, wenn Literatur als Instrument der Bedürfnisbefriedigung angesehen werden soll: ein *Interesse* an Literatur. [...]

Thesen zur literarischen Wertung

1. Literarische Werke existieren konkret nur als rezipierte. Als rezipierte sind sie immer schon wertbesetzt: literarische Werke gibt es konkret nur als gewertete.
2. Literaturwissenschaftlich betriebener literarischer Wertung kann es daher weniger darum gehen, isoliert aufgefaßte literarische Texte mit abstrakten, sich gegebenenfalls sogar als übergeschichtlich und absolut gebenden Wertunterscheidungen oder Wertrangordnungen zu versehen, sondern sie hat vor allem die mit rezipierter Literatur immer schon gegebenen literarischen Eigen- und Fremdwertungen des Lesers zu analysieren und bewußtzumachen.
3. Literarisches Werten des rezipierenden Lesers geschieht material und formal in ständiger Wechselwirkung von Textstrukturen und Rezeptionsverhalten.
4. Literarisches Werten des rezipierenden Lesers bezieht sich formal u. a. auf die Beschaffenheit des Textes, nämlich (textbezogen) auf die Angemessenheit der Kodierungsform für die übermittelte literarische Nachricht sowie (rezipientenbezogen) auf die Relevanz der übermittelten literarischen Nachricht für den Leser.
5. Dieses formale literarische Werten des rezipierenden Lesers ist material abhängig von der individuellen und gesellschaftlichen Situation des Lesers, die ihn die Relevanz der übermittelten literarischen Nachricht von seiner Bedürfnislage, die ihn die Kodierungsangemessenheit der literarischen Nachricht von seiner literarischen Interessenrichtung her werten lassen.
6. Literarische Wertung fragt in dieser Weise nicht nur nach privaten Wertungen von einzelnen in bezug auf einzelne Texte: Literarisches Werten einer Kodierungsform geschieht stets innerhalb einer synchronischen Wer-

tungshierarchie literarischer Texte, so daß die Analyse
literarischer Wertung eines Textes immer auch auf das
synchronische System seiner Gattung gerichtet ist. Bedürfnislage und literarische Interessenrichtung des Lesers sind stets gesellschaftlich vermittelt und geschichtlich bedingt, so daß literarische Wertung am literarischen Werten des Lesers immer auch dessen gesellschaftliche und geschichtliche Determinationen mit thematisch
hat und bewußtmachen kann.

13. Jochen Schulte-Sasse: [Vom autonomieästhetischen zum rezeptionsästhetischen Werten] (1975)

Die Studie leistet zum einen die ideologiekritische Auf-
arbeitung der am Autonomiegedanken ausgerichteten klas-
sisch-ästhetischen Wertlehre und ihrer Wirkungsgeschichte,
zum anderen erörtert sie in Abgrenzung dazu die Bedeutung
der neueren Wertlehre unter rezeptionsästhetischer Perspek-
tive.

[1. Kritik der autonomieästhetischen Wertlehre]

Die Literaturwissenschaft konnte sich den Einsichten der
Sozialwissenschaften, daß nämlich Werte weder objektiv
noch subjektiv, weder zeitlos gültige Wesenheiten noch allein subjektive Chimären, sondern durch Sozialisation inter-
nalisierte Sinnvorstellungen sind, die aus wertorientiertem
Handeln hervorgehen und für historisch und soziologisch
faßbare Gruppen intersubjektiv gelten, entziehen, weil sie
ihrem Gegenstand seit je einen besonderen ontologischen
Status zuschrieb und die Ideologiehaltigkeit und Historizität
dieser Zuschreibung nicht durchschaute. Denn die unge-
schichtliche Verdinglichung des Wertes ist nur die Kehr-
seite einer ebenso ungeschichtlichen Verdinglichung der
Bedeutungsstruktur des Kunstwerkes. Das wertvolle Kunstwerk soll »eine von den Entstehungsbedingungen losgelöste,

erlebnistranszendente Objektivation des Geistes« sein, die – so die auch schon vor der bekannten Diskussion zwischer Martin Heidegger und Emil Staiger beliebte Mörike-Formel – »selig in sich selbst« ruhe. [...] Das Postulat einer autonomen Kunst war eine historisch besondere Antwort auf gesellschaftspolitische Konstellationen des 18. Jahrhunderts. Diese Antwort ist von der Germanistik, anknüpfend an sicher nicht leugbare Merkmale der Konsistenz und relativen Geschlossenheit von Dichtung, zum Wesen der Kunst verallgemeinert und damit ihrer historisch-konkreten Legitimation beraubt worden.

Analysen von Trivialliteratur zeigen, daß deren Helden Verkörperungen des bürgerlichen Ideologems von autonomen, von gesellschaftlichen Determinationen freien Individuen sind und daß in ihr originär gesellschaftliche Probleme personalisiert und individualisiert werden. Die sozialintegrative Funktion dieser Literatur liegt darin, daß sie Wertorientierungen verinnerlicht und Interpretationsschemata ausbildet, mit deren Hilfe sich Individuen einreden können, für das ihnen Widerfahrende in jeder Hinsicht selbst verantwortlich zu sein. Hieran wird deutlich, daß hohe Literatur und Trivialliteratur prinzipiell die gleiche Funktion für ihre Konsumentenkreise erfüllen können. Während jedoch die Trivialliteratur ihren Konsumenten die sozial relevanten Denk- und Handlungsmuster in direktem inhaltlichen Zugriff vermittelt, erreicht dies die hohe Literatur wesentlich subtiler, nämlich über – sich in den Wertungstheorien spiegelnde – Textverarbeitungsstrategien, die das »Hohe« als das Hehre hinstellen, das sich dem persönlich Würdigen erschließt. Die reflexive Verkümmerung dieser verinnerlichten Haltung kann man am Kulturbewußtsein des (von sich selbst entfremdeten) Kleinbürgertums beobachten, dem die volle Internalisierung der Wertorientierungen nicht mehr gelingt, das sie aber als aufstiegsorientierte Klasse aus Prestigegründen äußerlich übernimmt und nach jedem »Bildungserlebnis« und ohne Bezug zum Erlebten nur zu sagen weiß: »Das war Kunst; das hat sich gelohnt.« Mit der

ideologiekritischen Sichtung und historischen Herleitung
dieser Textverarbeitungsstrategien wird deutlich geworden
sein, daß auch ästhetisches Verhalten Vorgang in einem
System sozialen Handelns ist und autonomieästhetische
Wertkriterien Resultat dieses Verhaltens sind.

Die autonomieästhetische Wertungstheorie verliert damit
den von ihr selbst als uneinholbar eingeschätzten Vorteil,
durch vorgebliche Abstraktion von allen außerästhetischen
Gesichtspunkten methodisch reiner und gegenstandsadäqua-
ter zu verfahren. Zwar ist Seidler darin zuzustimmen, daß
»die Wertungen in einer Wissenschaft [...] soweit wie möglich dem Bereich subjektiver Meinungen entzogen und
strengen wissenschaftlichen Grundsätzen unterworfen werden« müssen*, aber dieses Ziel ist eben nicht, wie Seidler
meint, in ahistorischer Subjekt-Objekt-Konfrontation von
Interpret und zeitlos-gültigem Kunstwerk erreichbar. Der
hier durchschlagende historische Objektivismus hat immer
wieder dazu geführt, daß zeitgebundene Wertungen unbewußt in wissenschaftliches Arbeiten einfließen und so, indem die historisch-perspektivischen Voraussetzungen des
eigenen Tuns nicht mit reflektiert werden, die angestrebte
Objektivität gerade verhindert wird. Der methodisch einzig
mögliche Ausweg aus diesem Zirkel ist nicht das Insistieren
auf der Trennung von ästhetischen und außerästhetischen
Wertungen, sondern die bis zur Bewußtwerdung fortgetrie-
bene Radikalisierung des Subjektiven. Nur so kann, wenn
überhaupt, die außerästhetische Motivation ästhetischer Wertungen einer reflexiven Kontrolle unterworfen werden.

[2. Wertung unter rezeptionsästhetischer Perspektive]

Die Bedeutung der rezeptionsästhetischen Perspektive für
die literarische Wertung erschöpft sich nicht in der ideologiekritischen Aufarbeitung der Wirkungsgeschichte klas-

* Herbert Seidler: Zum Wertungsproblem in der Literaturwissenschaft.
In: H. S., Beiträge zur methodologischen Grundlegung der Literaturwissenschaft. Wien u. a. 1969. S. 6.

sisch-ästhetischer Wertkriterien bzw. der mit diesen korrespondierenden literarischen Leserrollen. Ein konsequent rezeptionsästhetischer Ansatz geht auch von einem neuen, nämlich funktionalen Text- bzw. Werkbegriff aus. Er faßt Literatur nicht als objekt-, sondern als gebrauchsgebunden; er dynamisiert den traditionellen Werkbegriff und betrachtet literarische Werke als variable Kommunikationsmittel, als »faits sociaux«, deren Bedeutungsstruktur handelnde Subjekte allein im Rahmen ihrer geschichtlich variablen semantisch-semiotischen Möglichkeiten auffüllen können. Im Gegensatz zum traditionellen Werkbegriff, der seinen Gegenstand aus seinem jeweiligen historischen Kontext isoliert und ihn dadurch verdinglicht, faßt der rezeptionsästhetische Werkbegriff seinen Gegenstand nicht nur als Funktion der besonderen Beschaffenheit der Zeichenmaterialität des Werkes, sondern gleichermaßen als Funktion der konkreten kommunikativen Situation, in der er rezipiert wird. Es ist offensichtlich, daß dieser Werkbegriff Konsequenzen haben muß für Theorie und Praxis literarischer Wertung. Denn die traditionelle Wertungstheorie konnte literarische Werte ja nur deshalb als zeitlos betrachten, weil sie in ihnen anhängende Qualitäten einer gleichfalls zeitlosidentischen literarischen *Bedeutungs*struktur sah. Doch wenn – wie die Diskussion der letzten Jahre gezeigt hat – der Leser sich nicht in geschichtsenthobener Subjekt-Objekt-Distanz literarischen *Bedeutungen* zuwenden kann, dann vermag er dies auch nicht mit literarischen *Werten* zu tun. Mit anderen Worten: er wird nicht einfach geschichtsresistente ästhetische Werte *abrufen*, sondern von einem normbesetzten Kontext her ästhetischen Objekten in gleicher Weise Werte *zuschreiben*, wie er dies mit kontextuell normierten Bedeutungen tut. Jan Mukařovský, der wohl als erster auf diese Zusammenhänge aufmerksam gemacht hat, betont, daß sich diese »Wandelbarkeit des ästhetischen Werts« nicht »aus einer ›Unvollkommenheit‹ des künstlerischen Schaffens oder Wahrnehmens ergibt, aus der Unfähigkeit des Menschen, das Ideal zu erreichen«, sondern daß sie »zum Wesen des ästhetischen Werts« gehöre, »der Prozeß ist und nicht Stand, *energeia* und nicht *ergon*«.*

Freilich geschieht diese variable Wertzuweisung nicht in sklavischer Abhängigkeit von historisch-konkreten Kontexten, von in sich geschlossenen Sprachspielen; sie ist vielmehr bestimmt durch die wirkungsgeschichtliche Spannung zwischen vergangenen und gegenwärtigen Wertzuweisungen. Erst der Freiraum, den diese Spannung eröffnet, bietet die Chance, literarische Werte als Verfestigungen vergangener Geschichtskonstellationen, die in die Gegenwart fortleben, zu erkennen; erst dieser Freiraum bietet die Möglichkeit zu historischer Distanzierung der Werte, in deren Verlauf sie sowohl akzeptiert als auch verworfen werden können. Denn rezeptionsästhetische Wertung fragt in dialogischer Auseinandersetzung mit der Wertungsgeschichte eines Werkes auch nach dem ursprünglichen semantisch-axiologischen System, das den entstehungsgeschichtlichen Aspekt seines Wertes bestimmt, und nach denjenigen axiologischen Systemen, die einen Wert wirkungsgeschichtlich variiert haben. Rezeptionsästhetisch fundierte Wertung ist geschichtlich aufgefächerte Wertung: sie wertet ihren Gegenstand im Hinblick auf seinen ursprünglichen politisch-sozialen wie ästhetischen Kontext und im Hinblick auf seine wertmäßige Funktion in allen nachfolgenden Kontexten. Sie analysiert die semantisch-axiologischen Systeme nicht als abgeschlossene Sprachspiele, sondern reflektiert die historischen Spannungen, die sich zwischen ihren entstehungs- und wirkungsgeschichtlichen Aspekten ergeben. Auf diese Weise versucht sie, nicht wie die ihren Gegenstand verdinglichende traditionelle Werttheorie die Last der historisch verzerrten, weil nur noch affirmativen Rede vom Harmonischen, Autonomen oder Ewigen mit sich herumzuschleppen, sondern diese Rede und Kunstwerke, auf die diese Rede anwendbar ist, in ihren historischen Ort zu stellen und sie im Koordinatensystem dieses Ortes zu werten.

  Mukařovský: Kapitel aus der Ästhetik, S. 77 (vgl. in diesem Band S. 107).

125

14. Hellmuth Barnasch:
Die kritische Gesamtwertung des Einzelwerks (1972)

Auch Literaturwissenschaftler der DDR greifen neuerding
das Thema der literarischen Wertung auf. Innerhalb de
historisch-materialistischen Rezeptionstheorie wird nich
nur der Zusammenhang von erkennenden und wertende
Bewußtseinsvorgängen mit Nachdruck betont, sondern auch
die Möglichkeit einer konsequenten Anwendung objektive
Kriterien diskutiert. Grundlage dieser Diskussion sind di
zentralen Elemente der marxistisch-leninistischen Literatur
theorie: Widerspiegelungslehre, Lehre vom sozialistische
Humanismus, Lenins Erbetheorie.

Wie die Literaturkritik ein fester Bestandteil der marxistisch
leninistischen Literaturwissenschaft ist, so gehört die kriti
sche Einschätzung des literarischen Einzelwerkes zu de
unerläßlichen Teilaspekten der Analyse.
Im Unterschied zur bürgerlichen Literaturbetrachtung er
strebt die dialektisch-materialistische Analyse die konse
quente Anwendung *objektiver Kriterien.* Subjektive Begei
sterung oder Empörung über ein literarisches Werk sin
sowohl für den »lesenden« Literaturpädagogen wie fü
seine »lesenden« Schüler ein legitimer Ausgangspunkt be
der Auseinandersetzung mit dem Werk. Aber eben erst ei
Ausgangspunkt. Wir müssen unter allen Umständen vor
dringen zu sachkundigen Urteilen, die auf wissenschaft
liches Fundament gestützt sind. Woher nehmen wir unser
Maßstäbe?
Es gibt unabdingbare Wertmaßstäbe, die sich aus den mar
xistisch-leninistischen Grundauffassungen von der Entwick
lung des Lebens und der Gesellschaft, von der Funktio
der Kunst in der menschlichen Gesellschaft herleiten.
Ein erstes unabweisbares Kriterium für die Wertung eine
literarischen Kunstwerkes ist die – richtig angewandte -
Frage nach dem Grad seines *Wahrheitsgehaltes*: Hilft un
das Werk, in typischen Erscheinungen von *wesentlichem*

Erkenntnisgehalt Gegenstände und Prozesse der sich verändernden Wirklichkeit begreifen? Vermittelt uns das Werk in überzeugend künstlerischer Gestaltung Wahrheiten (seien es auch partielle Erkenntnisse) – über den Menschen in seinen Beziehungen zu den Mitmenschen, zur gesellschaftlichen und natürlichen Umwelt? Vermag das Werk mittels seiner spezifischen ästhetischen Mittel unser Denken, Empfinden und Wollen auf die notwendige *Veränderung* der Welt zu orientieren? Ist die verändernde Kraft der Arbeiterklasse und ihrer Partei künstlerisch überzeugend gestaltet?

Unabweisbar für die marxistisch-leninistische Literaturkritik ist ferner die Frage nach dem *humanistischen Wert* eines Sprachkunstwerkes, nach dem mit ästhetischen Mitteln wirksam gemachten Beitrag, den es zur Vermenschlichung des Menschen geleistet hat bzw. leistet. Dabei weisen wir allen Erscheinungsformen des Humanistischen im nationalen und weltliterarischen Erbe wie im Gegenwartsschaffen, auch wenn es nicht auf sozialistische Grundposition gegründet ist, den gebührenden Rang zu. Allerdings versteht sich für uns von selbst, daß der parteilichen Aussage vom Standpunkt des kämpferischen *sozialistischen* Humanismus in unserem Kulturleben höherer Wert zuzumessen ist als einem Werk des bürgerlich-idealistischen Humanismus. Unfruchtbar für unsere sozialistische Gesellschaft ist abstrakter Humanismus, weil er für unseren Kampf um die Durchsetzung der menschlichsten aller Ordnungen keine Hilfe bedeutet, weil er die Grenzen zwischen Freunden und Feinden der Menschlichkeit verwischt.[10]

O. Barnasch beruft sich hier auf das »Kulturpolitische Wörterbuch«, Berlin [Ost] 1970, das »sozialistischen Humanismus« als eine geschichtlich völlig neue Qualität in der Entwicklung des Humanismus definiert: Die humanistischen Ideen und Bestrebungen beruhen auf den konkreten historischen Bedingungen einer Gesellschaftsformation. Sie sind daher in ihrem Inhalt weitgehend durch die Interessen und Bedürfnisse bestimmter Klassen geprägt, sozial bedingt.« Der sozialistische Humanismus »drückt geistig die objektiv-reale menschheitsbefreiende Rolle des revolutionären Kampfes der Arbeiterklasse sowie des Aufbaus der sozialistischen Gesellschaft aus.«

Sowohl der künstlerischen Gestaltung des humanistischen Gedankengutes wie der realistischen Wirklichkeitsabbildung liegen bestimmte ästhetische Ideale des Kunstschaffenden zugrunde, für die er die Menschen seiner Epoche gewinnen möchte, und wenn auch die Entwicklungsrichtung aller im humanistischen Sinn wertvollen Literatur einhellig ist, so hängen die vom einzelnen Autor angestrebten ästhetischen Ideale natürlich von dem Erkenntnisstand der historisch konkreten gesellschaftlichen Entwicklungsstufe und seiner eigenen weltanschaulichen Position ab.

Wird bei der kritischen Wertung einer Dichtung deren Bindung an die historisch-konkrete gesellschaftliche Entwicklungsstufe außer acht gelassen, so kann das zu einer völligen Fehleinschätzung des national-literarischen und des weltliterarischen *Erbes* führen. Daß wir – um ein Beispiel zu nennen – die weltanschauliche Position eines Eichendorff oder Matthias Claudius heute kritisch beurteilen, darf uns nicht hindern, ihrem ehrlichen zeitbedingten Humanismus und ihrem künstlerischen Können mit achtungsvollem Verständnis zu begegnen. Die Analyse hat zu klären, auf Grund welcher gesellschaftlichen und persönlichen Bedingungen diese Dichter ihre humanistischen Werke geschaffen haben.

Außer den gekennzeichneten Grundkriterien gibt es Wertmaßstäbe sozialen und nationalen Charakters, die stärker zeit- und geschichtsgebunden sind. Die sich verändernde Gesellschaft rückte neue »Gegenstände« ins Blickfeld der schöpferischen Kunst. Neuererrtum im Bereich des Inhaltlichen verbindet sich gesetzmäßig mit dem Suchen nach adäquaten neuen Formen. Die marxistisch-leninistische Literaturkritik fragt: Hat der Autor einen neuen Gegenstand eine neue »poetische Provinz« (Hans Koch) für die Literatur entdeckt und ästhetisch wirksam gestaltet? Gerade dort wo ein literarisches Werk unsere Blicke auf etwas *Neues* für unsere persönliche oder gesellschaftliche Entwicklung vielleicht sehr Notwendiges lenkt, muß die Kritik prüfen ob diesem Notwendig-Neuen auch die entsprechende ästhe

tische Formung und das erforderliche Maß an gesellschaftlicher Wirksamkeit zuteil geworden ist, ob etwa eine wertvolle thematische Entdeckung infolge Fehlgreifens im Genre
oder gar infolge oberflächlicher Gestaltung »verschenkt«
worden ist.

Eine neue Literatur beginnt mit dem *neuen Menschen*, hat
Johannes R. Becher festgestellt. Der wichtigste neue Gegen-
stand unserer sozialistischen Nationalliteratur ist der immer
bewußter sozialistisch schaffende und lebende Mensch, der
»Revolutionär« unserer Gesellschaft. Am deutlichsten sind
Wesen und Wandlung des Menschen erkennbar in seinem
Verhältnis zur Arbeit, zu seinen Mitmenschen, zur Gesell-
schaft, zur Kunst.

Die kritisch wertende Analyse fragt beispielsweise: Ist es
dem Autor gelungen, seinen Helden unter der Bewährungsprobe der Arbeit künstlerisch überzeugend darzustellen? Ist
sein Verhältnis zum Kollektiv sinnfällig und ästhetisch
reizvoll gestaltet?

Wir wollen aber den gewandelten und sich wandelnden
Menschen nicht einseitig an seinem Arbeitsplatz erleben.
Wir fragen daher weiter: Ist ihm die Begegnung mit der
Kultur, mit Bildkunst, Tonkunst, Bühnenkunst usw. bereits
zu einem Lebensbedürfnis geworden? Ist es dem Autor ge-
lungen, uns Auswirkungen des neuen, des sozialistischen Le-
bensgefühls in konkreten Gestalten miterlebbar zu machen?
In welchem Maße und mit welchen künstlerischen Mitteln
ist das Bild des bewußt und aktiv an der Veränderung der
Welt (der Natur und der Gesellschaft) wirkenden, zum
»Subjekt der Geschichte« gewordenen Menschen ästhetisch
reizvoll gestaltet? Kurz, der neue poetische Gegenstand,
der sich zur sozialistischen Persönlichkeit entwickelnde
Mensch, kann gar nicht vielseitig genug in seinen mannig-
fachen Beziehungen zur menschlichen, gesellschaftlichen,
materiellen und geistigen Umwelt gezeigt werden. Solcher
Breite und Tiefe im ästhetischen Erfassen des Gegenstandes
sind natürlich durch Gattung und Genre Bedingungen und
Grenzen gesetzt.

15. Rita Schober: Zum Problem der Wertung literarischer Kunstwerke (1973/75)

Der Aufsatz der in der DDR lebenden Romanistin ist eine der ersten bedeutenden Ansätze zu einer eigenen Wertungstheorie auf der Grundlage der marxistischen Ästhetik. Schober versucht im einzelnen zu zeigen: 1. daß die Frage der Wertung durch drei Faktoren geprägt wird, das gesellschaftliche Verhältnis zwischen einem wertenden Subjekt und einem zu bewertenden Objekt, bestimmt durch ein Bezugssystem; 2. daß die Spezifik des literarischen Wertes nur zu ermitteln ist, wenn Wesen und Funktion des literarischen Kunstwerks bestimmt und der literarische Schaffens- und Rezeptionsprozeß analysiert werden; 3. daß die Wertung literarischer Werke durch ein doppeltes Bezugssystem, die gesellschaftliche und literarische Wirklichkeit, bestimmt wird, d. h., das Werk ist sowohl an der Widerspiegelung der Wirklichkeit als auch an der Gesamtheit der vorhandenen literarischen Werke zu messen.

Auf diese Weise bemüht sich Schober nicht nur die objektiven Bedingtheiten einer subjektiven Wertbeziehung zu ermitteln, sondern auch den marxistischen Standpunkt einer komplexen Wertung von einer einseitig bürgerlichen abzugrenzen. Wertung ist als ideologisch-historisches Phänomen bzw. als historischer Prozeß zu begreifen, divergierende Wertmeinungen sind nicht als Geschmacksunterschiede zu verstehen, sondern auf unterschiedliche Aneignungsstandpunkte (Klassenstandpunkte) und auf Veränderungen im Literaturprozeß selbst zurückzuführen.

Zur Frage der Wertung

Der Begriff des Wertes setzt die Tätigkeit des Wertens voraus. Die Tätigkeit des Wertens bringt ein Verhältnis zwischen Subjekt und Objekt zum Ausdruck. Dieses Verhältnis kann verschiedener Natur sein und sich auf verschieden

Praxisbereiche des gesamtgesellschaftlichen Subjekts beziehen. In jedem Fall erscheinen in der Wertung die objektiven Eigenschaften des Gegenstandes in ihrer Bedeutung für das Subjekt. [...]

Zur Tätigkeit des Wertens gehören drei Faktoren: ein wertendes Subjekt, ein zu bewertendes Objekt und ein Bezugssystem, das sich als ein der Spezifik des Objekts entsprechender Teil der gesamtgesellschaftlichen Praxis erweist. Dementsprechend ist das in der Wertung zum Ausdruck kommende Subjekt-Objekt-Verhältnis ein *gesellschaftliches Verhältnis*, auch wenn es als individuelle Wertung ausgesprochen wird. [...]

Literarische Wertung und Wesen des literarischen Kunstwerks

Zum Wesen des literarischen Kunstwerks. Die Frage, welche Faktoren den *literarischen Wert* konstituieren und in der literarischen Wertung zum Ausdruck kommen, hängt aufs engste mit der Auffassung von *Wesen und Funktion des literarischen Kunstwerks* selbst zusammen. [...] Das Objekt, über das sie [die literarische Mitteilung] informiert, ist die durch seine künstlerische Bildstruktur geschaffene und sprachlich fixierte (materialisierte) und damit auch beim Empfänger erzeugte sinnlich konkrete ideelle Vorstellung von einer fiktiven Welt, die auf die natürliche Welt verweist und sie auch im Leninschen Sinne der abbildenden Umbildung »widerspiegelt«, aber nicht mit ihr identisch ist.

Die »zweite Wirklichkeit« der Kunst ist nicht einfach ein Abklatsch der objektiven Realität. Denn das Kunstwerk zeigt uns die Welt nicht in ihrem An-sich-sein, sondern in ihrem Für-uns-sein.

Der Arturo Ui von Brecht ist der historische Hitler und zugleich die Gestalt Hitlers, wie Brecht sie als Marxist beurteilt und damit als geschichtliches Phänomen begreifbar und durchschaubar macht. Die Wahrheit dieser Gestalt beruht auch nicht auf der dokumentarischen Treue einzelner Szenen (Proben der Reden vor dem Spiegel), sondern auf dem Funktionieren aller Szenen für die objektive Bedeutung und subjektive Bewertung dieser Gestalt als eine über den begrenzten historischen Fall eines faschistischen Diktators hinausgehenden Modells geschichtlicher Erfahrung.

Das Funktionieren solcher in der Kunst entstehenden bildhaften Sinnstrukturen hängt gerade davon ab, daß der Künstler die Re-produktion der vorgegebenen Realität in eine Neu-produktion verwandelt und dadurch zugleich eine Wertung dieser Realität vornimmt. Kunst und Literatur bauen keine Dingwelt, sondern eine Wertwelt. Ihr eigentlicher Darstellungsgegenstand und damit auch ihr Erkenntnisobjekt ist das *Verhältnis des Menschen zur Welt* unter dem Aspekt der Bedeutung dieses Verhältnisses für sein geistiges Sein, sein moralisches Antlitz, seinen emotionalen Reichtum, für sein im wahrsten Sinne des Wortes menschliches Wesen [...]

Wahrheit* in der Kunst ist damit nicht gebunden an äußere Ähnlichkeit der dargestellten Komponenten dieses Verhältnisses, sondern an die adäquate Wiedergabe der diesem Verhältnis zugrundeliegenden Gesetzmäßigkeiten, auf denen die objektive Bedingtheit der subjektiven Wertbeziehung beruht und damit zugleich auf der Adäquatheit der vorgenommenen Wertung, in der das nur individuelle Subjektive in dem allgemeinen Subjektiven aufgehoben sein oder, anders ausgedrückt, in der die Repräsentanz des Subjekts gewahrt sein muß.

Erkenntnis und Wertung gehen so in der Literatur in spezifischer Weise Hand in Hand (in spezifischer Weise, weil

---

* Die *objektive Wahrheit* des Künstlers, die von der Gestaltung der gesellschaftlichen Wahrheit nicht zu trennen ist, darf weder mit der *subjektiven Ehrlichkeit* des Schriftstellers verwechselt, noch ihr gleichgesetzt werden, obwohl sie andererseits *ohne* subjektive Ehrlichkeit auch nicht erreicht werden kann.

Wertung« als eine der möglichen Grundbeziehungen zwischen Subjekt und Objekt, bzw. zwischen Subjekt und Subjekt je nach der Art der spezifischen Beziehung, die jegliche in der für sie spezifischen Weise eingeht). Da der Künstler selbst Teil dieser in der wertenden Darstellung des Kunstwerks zum Ausdruck kommenden Wechselbeziehung von Subjekt und Objekt, von Welt und Mensch ist, muß sich auch die ganze Fülle seiner eigenen Weltbeziehungen, sein gesellschaftlicher Standort, seine Klassenposition darin niederschlagen. In der Kunst gibt es kein Sich-Verschanzen hinter der unbeteiligten Beschreibung objektiver Abläufe äußerer Gesetzmäßigkeiten, auch wenn diese Tendenz periodisch unter bestimmten gesellschaftlichen Bedingungen immer wieder in Kunst und Literatur als ästhetisches Credo auftritt. Im einzelnen können die wirklichen Beweggründe für solche vorgeschützte »Objektivität« sehr unterschiedlich sein. Aber gleich welcher Art sie auch sind, sie täuschen etwas als nicht vorhanden vor, was erst das Wesentliche des künstlerischen Schaffens ausmacht, die Präsenz des künstlerischen Subjekts in der ganzen Fülle seiner Weltbeziehungen, in der sich die ganze Vielfalt der zwischen gesellschaftlichem Subjekt und Objekt möglichen ideologischen Verhältnisse (politische, moralische, rechtliche, ökonomische usw.) niederschlägt. [...]

Die Wertung literarischer Kunstwerke

Faktoren und Voraussetzungen der Wertung literarischer Kunstwerke. Wir haben eingangs gesagt, daß zu jeder Wertung als einem gesellschaftlichen Verhältnis zwischen Subjekt und Objekt, die eine Bedeutungsrelation darstellt, drei Faktoren gehören:
ein wertendes Subjekt, ein zu bewertendes Objekt und ein Bezugssystem.
Für die literarische Wertung ist dieses Bezugssystem ein doppeltes: Als *Widerspiegelung der Wirklichkeit* muß das literarische Werk an der Wirklichkeit selbst gemessen wer-

den und das, falls es sich nicht um eine zeitgeschichtlich
Literatur handelt, wie wir ebenfalls gesehen haben, in dop
pelter Weise, im Hinblick auf die entstehungsgeschichtlich
wie auch auf die wirkungsgeschichtliche Zeit, d. h. in bezu
auf die Wirklichkeit zur Zeit der Aufnahme durch de
Rezeptor. Als *künstlerische* Widerspiegelung aber muß da
literarische Werk an anderen künstlerischen Widerspiege
lungen, d. h. an der zum Zeitpunkt seiner Rezeption vor
handenen Gesamtheit literarischer Werke gemessen werder
bzw. den aus ihnen ableitbaren Kriterien für die Bewertun
der künstlerischen Umsetzung der im literarischen Wer
erfolgten spezifisch wertenden Widerspiegelung von Reali
tät und ihrer Stellung innerhalb des Literaturprozesse
selbst. [. . .]

So wie für den Schaffensprozeß im letzten die Richtun
der künstlerischen Widerspiegelung und Umsetzung diese
Widerspiegelung von der Dialektik zwischen dem widerge
spiegelten Objekt selbst und dem gesellschaftlichen Standor
(Klassenstandpunkt) des widerspiegelnden und wertende
künstlerischen Subjekts zu ihm und in ihm »gesteuert« wird
gilt auch für den Bewertungsprozeß die Dominanz de
Wirklichkeitsbezuges in der Dialektik von objektiv gegebe
ner sozialökonomischer Realität und der vom wertende
Subjekt in ihr eingenommenen Position, von dem aus auc
die inhaltlich-gestalterische und die konstruktiv-gestalteri
sche Seite des Kunstwerks bewertet wird.

Allein diese Kompliziertheit des für die literarische Wer
tung anzusetzenden Bezugssystems macht die Schwierigke
ten literarischer Wertung deutlich.

Hinzu kommt, daß das zu bewertende Objekt, das literari
sche Werk, selbst ja bereits im Hinblick auf das wider
gespiegelte Objekt eine Wertung enthält, so daß die Wer
tung von Literatur gleichsam eine Wertung zweiten Grade
darstellt, die eine als »künstlerischer Wert« im Kunstwer
selbst objektivierte »Wertung« bewertet. Die vom Künstle
mit Hilfe des Kunstwerks vorgenommene Wertung de
Wirklichkeit ist ja gerade eine der wesentlichen Voraus

setzungen, auf der der im Kunstwerk realisierte und ihm damit objektiv eigene künstlerische Wert beruht. Die Wertung ist eine Tätigkeit des Subjekts, trägt subjektiven Charakter, das gezeigte Ergebnis seinerseits jedoch objektiven. Aber dieser dem Kunstwerk objektiv zukommende und in ihm enthaltene Wert tritt erst durch die erneute Tätigkeit des wertenden rezeptiven Subjekts als Wert in Erscheinung. Für diese wertende Tätigkeit, die Rückbeziehung des im Kunstwerk widergespiegelten Objekts auf die Bezugsebene: gesellschaftliche Realität, ist jedoch wiederum nicht diese *an sich*, sondern das Verhältnis des wertenden rezeptiven Subjekts zu ihr ausschlaggebend, d. h. das Wertverhältnis, in dem der Rezeptor selbst zu seiner Zeit und der entstehungsgeschichtlichen Zeit steht. Auf den ersten Blick könnte es scheinen, als müsse diese Wertungspotenzierung zu subjektivistischer Willkür führen.

Man darf aber nicht vergessen, daß der Standpunkt, von dem aus im Kunstwerk ästhetisch *gewertet* wird und von dem aus ein Kunstwerk seinerseits ästhetisch *bewertet* wird, und die Kriterien, nach denen es bewertet wird, primär gesellschaftlich, d. h. objektiv bedingt und bestimmt sind, auch wenn sie sich in der individuellen Wertung des einzelnen Subjekts niederschlagen und von daher auch individuelle Abwandlungen erfahren.

Als wertendes Subjekt kann in der Wertung von Literatur sowohl der einzelne »Konsument« als auch der »berufsmäßige« Rezeptor, der Kritiker, Literaturwissenschaftler usw. auftreten. Ihre Wertungen ergänzen und korrigieren sich wechselseitig, wobei sie ihrerseits jeweils durch die vom gesamtgesellschaftlichen Subjekt, der jeweiligen Literaturgesellschaft der Zeit, vorgenommenen Wertungen und die von ihr entwickelten Wertmaßstäbe bedingt und bestimmt werden. Ungeachtet dieses Wechselspiels von allgemeiner und individueller literarischer Wertung bleibt jedoch die Tatsache bestehen, daß auch die gesamtgesellschaftliche Wertung sich nur im individuellen Wertungsakt realisiert, anders ausgedrückt, Ausgangspunkt und Endpunkt jeder

Wertung ist das Subjekt, in diesem Fall also der persönliche Umgang des rezipierenden Subjekts mit Literatur. Ohne diesen persönlichen Umgang und das damit verbundene persönliche Erleben gibt es keine Wertung in der Kunst.

Damit ist auch auf einen wesentlichen Unterschied zwischen Kunst und Wissenschaft, wissenschaftlicher Information und künstlerischer »Information« verwiesen. Wissenschaft vermittelt kein persönliches Erlebnis, sondern rationale Einsichten. Sie wendet sich an alle.

Kunst wendet sich auch an alle, aber sie kann nur im persönlichen Erleben aufgenommen werden. [...]

Der für die *Wertung* (und auch Kenntnis) von Kunst und Literatur notwendige persönliche Umgang vermittelt ein *Erlebnis*, das mit Vergnügen oder Mißvergnügen verbunden sein kann.

Die Forderung, daß ein Kunstwerk Vergnügen bereiten müsse, wenn es eine positive ästhetische Wertung erfahren soll, stellt damit zugleich ein Kriterium für den künstlerischen Wert selbst auf. Aber der künstlerische Wert des literarischen Werkes läßt sich nicht auf diese Funktion des »delectare« reduzieren, wie umgekehrt dieses Vergnügen damit selbst auch noch nicht fixiert ist. Es erweist sich bei exakterer Bestimmung des künstlerischen Wertes des Kunstwerks als sehr komplex determiniert und ist keinesfalls vor dem »docere« abhebbar. [...]

Das im Kunsterlebnis bereitete Vergnügen läßt sich andererseits auch nicht nur auf das rein anschauungsmäßige eingrenzen. Das *Vergnügen der Entschlüsselung* der Form muß verbunden sein mit dem Vergnügen, durch sie und mit ihr zu einem tieferen *Verstehen* des Gehalts und damit auch des widergespiegelten Objekts, der »menschlichen Welt und der Welt der Menschen«, d. h. zu einer Erweiterung und Bereicherung der Erkenntnis, vorzudringen. [...]

Marxistische Kriterien der Wertung literarischer Kunstwerke. Im Gegensatz zu einseitigen ästhetischen Wertungspositionen (als Korrelat ebenso einseitiger Auffassungen vom Wesen des Kunstwerks) ist die marxistische Ästhetik von Anfang an, seit den ersten Äußerungen von Marx und Engels zu literarischen Fragen, durch ein komplexes Herangehen an dieses Problem gekennzeichnet, wobei allen Fragen der Wertung eine Vorstellung vom Wesen der Literatur und ihrer gesellschaftlichen Funktion zugrunde gelegt wird, die sich am adäquatesten in der Methode des Realismus, in unserer historischen Epoche in der des sozialistischen Realismus verwirklicht. [...] Das Kunstwerk wird nicht als Verkörperung »interesseloser Schönheit« zur Befriedigung nur persönlichen Genusses gefaßt, sondern als Teil des gesellschaftlichen Weltverhältnisses des Menschen, seiner geistigideellen Praxis, als Reflex seines materiellen Seins und zugleich als Erkenntnisweg und Motor möglicher Veränderung, als Spiegel der Gegenwart und Experimentierfeld der Zukunft.*

Das höchste Prädikat ästhetischer Wertung käme dann einem Werk zu, in dem der Künstler das für seine Zeit wesentlichste Thema aufgreift, die für seine Entfaltung optimale künstlerische Idee findet und es ihm zugleich gelingt, diese in der künstlerischen Ausführung voll zu realisieren, so daß die in der Wirklichkeit selbst gegebenen Möglichkeiten allgemein und die durch die Themenwahl erfaßten speziell weitgehend genutzt und auch die durch die literarische Tradition begründeten formalen Erfahrungen und Errungenschaften, die durch die Sprache selbst gebotenen Möglichkeiten voll ausgeschöpft und zugleich überschritten werden. Alle Kategorien der literarischen Analyse wie Abbild, Sinnbild, Perspektivengestaltung, Formstruktur, Tradition und Neuerertum werden zu Kristallisationspunkten ästhetischer Wertung, in deren komplexem Gefüge auch alle anderen Wertverhältnisse des Menschen, seine moralischen, politischen, ideologischen, mit enthalten sind, jedoch nicht im einzelnen getrennt, sondern zu einem spezifischen Amalgam verschmolzen.

Vgl. dazu insbes. Lenin: Über Kultur und Kunst. Berlin 1969.

Denn in dem alten Ideal des klassischen Werttripels des »Wahren-Schönen und Guten« als dem höchsten Inhalt der Kunst und Literatur steckt eine richtige Erkenntnis, wenn auch in abstrakter, idealistischer Formulierung, die allerdings nicht in der Lage ist, zur Erfassung der kunstspezifischen Umsetzung dieser Einheit im Werk in einer ihr gemäßen Wertkategorie zu führen.

Die marxistische Ästhetik hat mit der Kategorie des »Menschenbildes« als erste eine diesem komplexen Wertsystem entsprechende zentrale ästhetische Kategorie geschaffen. Das »Menschenbild« in der näheren Bestimmung des sozialistischen Menschenbildes ist nicht nur ein Prinzip der schöpferischen Methode des sozialistischen Realismus, sondern auch eine Kategorie der Wertung, die sowohl Kriterien der Erkenntnis als auch des Gesellschaftsideals als des Maßstabs der Wertung und auch der künstlerischen Formung umfaßt. Sie geht damit über die abstrakte Forderung des klassischen Werttripels hinaus und stellt zugleich eine echte Weiterentwicklung des von Engels formulierten Prinzips realistischer literarischer Gestaltung und ihrer Wertung dar. Engels' Maßstab, an dem er realistische Werke mißt, nämlich die »Darstellung typischer Charaktere unter typischen Umständen«, berücksichtigt den für den Erkenntniswert des Werkes notwendigen gesellschaftlichen Wahrheitsgehalt der Gestalten und die dafür ebenso notwendigen Prinzipien der formenden Gestaltung. Die Kategorie des Menschenbildes aber umfaßt mehr, weil sie den Erkenntnis- und Wertungsstandpunkt des künstlerischen und des aufnehmenden Subjekts und damit zugleich das Ideal des gesellschaftlich Schönen mit einbezieht und diese im ästhetischen Wertungsakt verschmolzenen spezifischen gesellschaftlichen Wertungen unter der Form ihres gestalteten Erscheinens begreift. [...]

Wertung als historischer Prozeß literarischer Kunstwerke
Diese Wertung eines literarischen Werkes ergibt sich jedoch nicht nur aus Übereinstimmung und Widersprüchlichkeit

ynchron möglicher Werturteile, sondern verläuft auch diachron in Zeit und Raum und erfährt als ein ideologisches Verhältnis zwischen Objekt und Subjekt mit der gesellschaftlichen Veränderung des wertenden Subjekts selbst einen historischen Wandlungsprozeß. Was für die Aneigung des Kunstwerks im Rezeptionsprozeß allgemein galt, gilt speziell auch für die damit verbundene Wertung. Art und Weise der Beurteilung eines literarischen Werkes zu einer bestimmten Zeit hängt nicht nur von der in ihm realisierten Widerspiegelung seiner entstehungsgeschichtlichen Zeit, sondern ebenso von den gesellschaftlichen Verhältnissen seiner wirkungsgeschichtlichen Zeit, dem von seinem Rezeptor darin eingenommenen Klassenstandpunkt und den diesem entsprechenden Bedürfnissen ab. [...] Bei diesen Wertungsdivergenzen handelt es sich nicht um Varianten einer durch den individuellen Geschmack abgewandelten, im Grunde jedoch übereinstimmenden Wertung, sondern um tatsächliche Widersprüche. Sie treten bei der kollektiven Auswahl dessen, was jede Epoche als ihr literarisches Erbe betrachtet, noch viel deutlicher zutage. Jede Klasse nimmt diese Selektion von ihrem Standpunkt und ihrem Interesse vor und vermittelt von daher die Bedeutung, den Wert der literarischen Werke für ihre eigene gesellschaftliche Praxis. [...]

Die durch die Veränderung der gesellschaftlichen Verhältnisse bedingte Abwandlung des Aneignungsstandpunktes der wertenden Subjekte ist aber nur *ein* Grund für die Historisierung der in der bisherigen Darlegung vor allem systematisch erfaßten Wertkategorien. Der andere liegt in der historischen Dialektik des doppelten Bezugssystems (der prozeßhaften Entwicklung der Wirklichkeit und des Literarprozesses) selbst. [...]

Der Wertungsprozeß solcher Werke schließt im Laufe der Jahrhunderte in der Auspendelung divergierender Meinungen meist mit der Durchsetzung des progressiven Standpunkts als eines dann auch durch die Dauer beglaubigt erscheinenden »consensus omnium«.

So führt das Geschäft der literarischen Wertung durch die Zeiten allmählich zu einer objektiv gesicherten Wertung.
Was für die Vergangenheit die durch die Prozeßhaftigkeit der Wertung selbst mögliche Korrektur auch zeitbedingter Fehlwertungen bedeutet, stellt für die Gegenwart die Handhabung einer gesicherten wissenschaftlichen Methode dar. Auch von daher erhellt die Notwendigkeit einer umfassenden Entwicklung der marxistisch-leninistischen Ästhetik.

16. Norbert Mecklenburg:
[Wertung und Kritik als praktische Aufgaben der Literaturwissenschaft][11] (1973/77)

Die Diskussion um das Problem der literarischen Wertung war lange Zeit eine ausschließlich akademische. Im Gegensatz zu anderen Ländern wurde in Deutschland streng unterschieden zwischen feuilletonistischer Literaturkritik und literaturwissenschaftlicher Wertung. Diese Trennung von wissenschaftlicher Wertung und praktischer Literaturbeurteilung wurde im Zusammenhang mit der zunehmenden Leserorientierung der Literaturwissenschaft in Frage gestellt. Mecklenburg benennt das Problem und fordert vor allem eine Lösung der Kriterienfrage.

a) [Probleme der deutschen Literaturwissenschaft]

Literarische Wertung und Literaturkritik. Literarische Wertung und Literaturkritik werden bei uns, anders als im Ausland, meist voneinander getrennt gesehen: jene meint eine spezielle theoretische Frage der Literaturwissenschaft, diese das Geschäft journalistischer Buchrezension. Eine solche Trennung ist sowohl sachlich als auch geschichtlich fragwürdig. Die Literaturwissenschaft verstand sich in ihren

11. Unter diesem Titel veröffentlichte Mecklenburg eine differenzierte Untersuchung des Problems in: Literaturkritik und literarische Wertung. Hrsg. von Peter Gebhardt. Darmstadt 1980. S. 388 ff.

Gründungsphase als dialektische Einheit von Literaturgeschichte, Literaturtheorie und Literaturkritik. Das Problem der Wertung tauchte erst auf, nachdem diese Einheit
längst auseinandergebrochen war. [...] Literaturwissenschaft wurde zu einer Hüterin der nationalen Kulturgüter,
Literaturkritik zu einem Appendix des Buchmarkts. Gerade
das Aufkommen des Wertgedankens in der Germanistik
steht im Gegensatz zur Idee von Kritik. Der metaphysische
Wertjargon der geisteswissenschaftlichen Literaturwissenschaft der zwanziger Jahre konnte nahtlos in eine Prokla-
mation völkischer Wertungen übergehen, die von der Aus-
merzung des Begriffs der Kritik begleitet war. Nach 1945
blieb das Verhältnis der Germanistik zur Kritik beschädigt.
Hochschulbetrieb und Massenmedien produzieren als »Kul-
turindustrie« eine unkritische Wissenschaft und eine unwis-
senschaftliche Kritik.
Auf diese Situation reagieren heute Bemühungen um eine
»neue Germanistik« und eine »andere« Literaturkritik. Die
Möglichkeit einer Literaturkritik als praktischer Disziplin
der Literaturwissenschaft zeichnet sich ab, deren Aufgabe
es wäre, die durch Tradition und Markt vermittelte Literatur nicht nur zu analysieren, sondern auch im Hinblick auf
gegenwärtige Leser kritisch zu bewerten.

Mecklenburg sieht eine der wesentlichsten Ursachen für das
Zögern der Literaturwissenschaft, kritische Wertungspraxis
zu betreiben, in der Unsicherheit über die Kriterien der
Kritik. Daher hänge eine kritische Wertungspraxis von der
Lösung der Kriterienfrage ab.

Zur Praxis literarischer Wertung. Kriterien der literarischen
Wertung bedürfen aber nicht nur theoretischer Begründung,
sondern auch einer plausiblen Praxis. Erst in ihrer konkreten Anwendung erweisen sie ihre Angemessenheit oder Un-
angemessenheit – darin liegt die von Mukařovský heraus-
gestellte Dialektik von Wert und Norm. Theorie der literarischen Wertung ist vor allem Theorie einer Praxis, sie

muß darum immer zugleich auch Methodologie kritischen Interpretierens sein. Bestimmt werden muß das Verhältnis von beschreibenden, interpretierenden und wertenden Sätzen, von »verstehendem« und »erklärendem« Verfahren, wie es die kritische Hermeneutik analysiert hat, das Zusammenspiel von analytisch-interpretativen mit historischen und theoretischen Argumenten, von ästhetischer und geschichtlicher Wertung. Abgewogen werden müssen die Darstellungsformen literarischer Wertung zwischen Essayismus und Szientismus, wobei ebenso wie ihre Wissenschaftlichkeit der Appellcharakter von Literaturkritik, ihre pragmatische Dimension, gebührend zu berücksichtigen wäre. [...] Zur Pragmatik der literarischen Wertung gehört schließlich die Berücksichtigung ihrer Adressaten, die sich etwa in ihrer Sprache niederschlagen müßte. Eine noch so feinsinnige Bewertung eines Goethegedichts taugt nichts, wenn sie die »Sprache Eckermanns«, nicht die gegenwärtiger Leser spricht, und eine noch so radikale Kritik eines erfolgreichen Unterhaltungsschriftstellers bleibt wirkungslos, wenn sie aufgrund ihres Jargons dessen Konsumenten, die Massen der Leser, nicht erreicht. Literarische Wertung, von der Literaturwissenschaft praktiziert, hat eine exemplarische Funktion: nicht »Werte«, sondern die Fähigkeit zu Urteil und Kritik soll sie vermitteln helfen. Darin liegt ihre didaktische Dimension, die für den Bereich des Deutschunterrichts in einer Didaktik der literarischen Wertung entfaltet werden müßte. Die Literaturwissenschaft spielt, wenn sie kritisch-wertende Interpretationen vorlegt, im literarischen Kommunikationsspiel der Gesellschaft nicht die Rolle eines Richters, vielmehr die eines Initiators, Anwalts, Sachverständigen. Sie dient, wo sie ihr Erkenntnisinteresse als praktisch-emanzipatorisch versteht, der Demokratisierung literarischer Bildung: »Demokratisch ist es, den ›kleinen Kreis der Kenner‹ zu einem großen Kreis der Kenner zu machen. Denn die Kunst braucht Kenntnisse.«[*]

* Bertolt Brecht: Gesammelte Werke. Frankfurt a. M. 1967. (Werkausgabe Edition Suhrkamp.) Bd. 18. S. 273.

) [Das Problem der Kriterien]

Bereits in einem früheren Aufsatz fragte Mecklenburg nach
?en »Kriterien als Bedingungen der Möglichkeit von Lite-
aturkritik«.

)er Rahmen, der Kriterienfindung, Kriterienwahl und Kri-
erienbegründung bestimmt, ergibt sich aus Gegenstand,
?nteresse und Methode der Kritik.

)ie Regeln für die Diskussion des Kriterienproblems kön-
en weder an der vorhandenen praktischen Literaturkritik
.bgelesen, noch aus irgendeiner philosophischen oder ästhe-
ischen Theorie übernommen werden, sie müssen vielmehr
.us dem Gegenstand, dem Interesse und der Methode der
.iteraturkritik entwickelt werden. Der Gegenstand der Li-
eraturkritik bestimmt die Bereiche der Kriterienfindung,
las Interesse der Literaturkritik bestimmt die Gesichts-
ounkte der Kriterienwahl, die Methode der Literaturkritik
>estimmt die Art der Kriterienbegründung.

Gegenstand der Literaturkritik sind ästhetische Texte.*
Ästhetische Texte zeichnen sich durch die Differenz aus,
lie sie als zugleich autonome Gebilde und geschichtliche
Produkte geistiger Arbeit bestimmt. Demnach sind Krite-
ien in drei Dimensionen zu finden: im Text selbst und
einer eigenen Intentionalität, seinem Sosein, und in seinem
istorischen Kontext, seinem Dasein in der Geschichte, hier
viederum in den Zusammenhängen seiner Entstehung, seiner
Vorgeschichte, und in den Zusammenhängen seiner Wir-
tung, seiner Nachgeschichte. Damit ist der objektive Rah-
nen der Kritik bezeichnet.

* Die richtige Einsicht in die Notwendigkeit, heute vor allem auch
nichtästhetische« Texte der Kritik zu unterwerfen, sollte nicht dazu
erführen, aus der Literaturkritik ein Mädchen für alles zu machen.
Die unaufhebbare Arbeitsteilung auch in der Kultursphäre erfordert
vie den kritischen Fachmann für philosophische, soziologische oder
.konomische Literatur ebenso den für ästhetische Texte. Der Anspruch
iner alles vermitteln wollenden Totalkritik muß in puren Dilettantis-
nus münden.

143

Das kritische Interesse bildet mit Standort, Horizont und Perspektive des Kritikers zusammen den subjektiven Rahmen der Kritik. Er liefert die Aspekte der Kriterienwahl. Diese vollzieht sich in der dialektischen Bewegung zwischen dem Sich-Einlassen auf die Sache und ihre immanenten Anforderungen und der Reflexion der Kritik auf ihre eigenen Voraussetzungen.

Die Methode der Kritik bestimmt die Art der Kriterienbegründung. Wenn man von Kunst der Kritik sprechen wollte, so wäre es die, daß sie die Kriterien weder von ihrem Gegenstand sich aufdrängen läßt noch ihm von außen aufpfropft, sondern die notwendig allgemeinen Kriterien am notwendig individuellen Gegenstand durch ihre Anwendung selbst plausibel macht. [...]

Die Kriterien können weder aus dem jeweiligen Gegenstand der Kritik noch aus einem allgemeinen Normensystem entnommen werden.

Der übliche Einwand gegen allgemeine Kriterien lautet: Kritik habe den Text an ihm selber zu messen. Jedes Werk enthalte ein »individuelles Ideal«, an dem seine Verwirklichung gemessen werden könne. Solche Redeweise ist irreführend. Die Behauptung, jedes Kunstwerk sei einzigartig und darum seine eigene Norm, so vielsagend sie scheint, sagt nichts. Eine Kritik, die ihren Gegenstand zum Kriterium seiner selbst macht, läuft auf die leere Tautologie hinaus, daß er ist, was er ist. Diese Konsequenz wohnt all jenen Theorien inne, die vom Primat der Werkintentionen, der immanenten Kriterien und dergleichen reden.

Auf der andern Seite heißt es, jede Kritik und Kriterienwahl setze eine allgemeine Poetik voraus. Diese enthalte die Kriterien der Kritik: Das aber ist eine Illusion. Es gibt seit zweihundert Jahren keine Poetik als allgemeingültiges Normensystem mehr, alle poetologischen Bestimmungen sind »offene Begriffe«, deren Inhalt sich mit fortschreitender Erfahrung verändert. Das führt Literaturkritik in ein Dilemma: Einerseits sind Kriterien nur als allgemeine denk-

144

bar, andererseits scheint deren Begründung in einer allgemeinen Theorie der Literatur nicht mehr möglich. [...]

Die Historizität aller Kriterien berechtigt weder zu literaturkritischem Relativismus noch zu unhistorischer Abstraktheit.

Der Schatten, welchen der Aufgang des geschichtlichen Bewußtseins von Anbeginn auf die Theorie der Literaturkritik wirft, ist ein Historismus, der im Hinblick auf die Relativität aller geschichtlichen Erscheinungen auf allgemeine Kriterien verzichten möchte. Jede Blume der Kunst habe ihren eigenen Duft. Wenn aber alles gleich gültig sein soll, dann muß am Ende alles gleichgültig werden. Die literarischen Produkte ruhen friedlich nebeneinander im Museum der Weltliteratur. Ihres geschichtlichen Gehalts entkleidet, strahlen sie nur noch die kalte Schönheit der abstrakten Form aus. [...]

Demgegenüber ist festzuhalten: Alle formalen und inhaltlichen Kriterien stehen in einer geschichtlichen Dialektik; absolut gilt keines, sie »oszillieren« vielmehr. Die historische Restriktion der Kriterien ist zugleich ihre einzige Legitimation. Im Relativen das Allgemeingültige suchen heißt aus der Analyse der Texte und ihres geschichtlichen Zusammenhangs mit der Gegenwart die Kriterien ihrer Beurteilung gewinnen.

Die Einsicht, daß Interessen die Quelle aller Kriterien sind, erlaubt es indessen nicht, sich auf Subjektivität oder Parteilichkeit als letzte Instanzen zu berufen.

Literaturkritik erwächst wie alles Verstehen aus den Interessen des praktischen Lebens. Die Interessen, die eine Kritik leiten, machen ihren Gegenstand allererst interessant. Das bringt alle Literaturkritik in Verdacht; sie wird als Einbruch außerästhetischer Interessen in die Beschaulichkeit interesselosen Wohlgefallens denunziert. In der Tat steht sie in einem Dilemma: Gibt sie sich rückhaltlos den Interessenantagonismen hin, so zerreißt die Objektivität ihrer

Kriterien in der Parteien Haß und Gunst; sucht sie sich indessen über jene zu erheben, so entleeren sich diese ins Unverbindliche.

Der subjektive Rahmen der Literaturkritik ist Bedingung der Möglichkeit der Kriterienwahl. Wir können einen Text nicht anders als im Lichte unserer Erfahrung lesen. Die Kriterien sind die Scheinwerfer, mit deren Hilfe wir ihn durchleuchten, die Lichtquelle sind unsere Interessen. Interessen aber können weder allein durch einen »subjektiven Rest« bestimmt sein, der in Wahrheit meist Ausdruck einer uneingestandenen gesellschaftlichen Position ist, noch durch eine »Parteilichkeit«, die ihre eigene Klassenposition schlankweg mit dem Menschheitsstandpunkt identifiziert. Nichts scheint zum gegenwärtigen Zeitpunkt sowohl für die Geisteswissenschaften wie auch für die literarische Publizistik dringender zu sein als die Bestimmung und Artikulation ihres möglichen emanzipatorischen Interesses und der daraus abzuleitenden Kriterien.

Der Pluralismus der Kriterien und Kriteriensysteme hebt das Postulat einer universalen intersubjektiven Verständigung nicht auf.

Das Eingeständnis der Pluralität widerstreitender Kriterien und Normensysteme bedeutet nicht Einverständnis. Der Kritiker hat nicht die Aufgabe, den unterschiedlichen Positionen eine weitere hinzuzufügen, sondern sie gegeneinander abzuwägen und in dialektischer Auseinandersetzung mit ihnen den besseren Standort zu gewinnen. Kritischer Pluralismus hat – unterm Postulat einer universalen Verständigung – die Intention, sich selbst als Pluralismus aufzuheben. Das bedeutet Auswahl der Kriterien danach, einerseits wieweit sie ihrem Gegenstand gerecht werden, andererseits wieweit sie Anspruch auf intersubjektive Anerkennung erheben können. Jede Kriterienwahl steht unter dem Imperativ, so zu entscheiden, daß ihre Bestimmungsgründe die von jedermann sein können. Intersubjektive Plausibilität aber heißt weder communis opinio oder Stimmenmehrheit noch

Einigkeit einer Elite von angeblich adäquat Eingestellten, die ihre »Bildung als Machtinstrument« benutzen, sondern kommunikative Bewährung innerhalb einer Interpretations-gemeinschaft, die, verbunden durch gemeinsame Erfahrun-en und Interessen, möglicherweise noch gar nicht gegeben, sondern allererst herzustellen ist. Der Gültigkeitsnachweis der Kritik und ihrer Kriterien kann von keinem einzelnen Kritiker geleistet werden, sondern ist eine Aufgabe, die nur in Synkritik und Antikritik, im Fortgang des kritischen Gesprächs der Interpreten, gelöst werden kann.

Während sich prinzipiell Kriterien nur in der immer neuen ästhetischen Erfahrung konstituieren können, gibt es doch transästhetische Erfahrungen, die Kriterien von relativer Konstanz ermöglichen.

Die Legitimation der Kriterien liegt allein im Verfahren ihrer Anwendung. Das Kunststück der Kritik besteht darin, zugleich mit der Begründung des kritischen Einzelurteils dessen axiologische Basis plausibel zu machen. Den axio-logischen Zirkel beschreiben heißt im Vollzuge der Kritik die immer schon leitenden Voraussetzungen und Kriterien mit neuer ästhetischer Erfahrung vermitteln. Das Einzel-urteil ist keine bloße Ableitung aus einem vorgegebenen allgemeinen Kriterium, wie dieses keine bloße Verallge-meinerung von jenem ist. Die Kriterien können der Einzel-kritik weder abstrakt vorgegeben noch einfach vom Vor-andenen abgelesen werden, sie müssen sich in jedem kriti-schen Sprachspiel aufs neue konstituieren. Die Frage, was vorangehe: das Einzelurteil oder das allgemeine Kriterium, kann wie die nach der Henne und dem Ei nicht abstrakt beantwortet werden.

Andererseits [...] es gibt Kriterien, die sich nicht erst am Text legitimieren müssen. Ein solches »geschichtliches Apriori« leugnen, hieße die Möglichkeit aufklärenden Den-kens überhaupt leugnen. Das geschichtliche Apriori der Kritik setzt sich aus begriffener geschichtlicher Erfahrung und einem emanzipatorischen Interesse zusammen. Es ist die Bedingung der Möglichkeit transästhetischer Kriterien, die durch keine ästhetische Erfahrung überholt werden können, solange die Verhältnisse andauern, welche diese Kriterien herausfordern. [...]

Dasjenige Kriterium, an dem alle übrigen gemessen werden müßten, wäre das Maß, in welchem ein literarisches Produkt [...] der Mündigkeit des Subjekts Stimme verleiht. Wollte Literaturkritik die Anstrengung auf sich nehmen, dieses Kriterium praktikabel zu machen, so dürfte sie es sich ersparen, alles zu verstehen und zu würdigen, wie sie darauf verzichten könnte, bei allen Zustimmung zu finden. Gerade die heftige Ablehnung, auf die sie stoßen wird, wäre für die, welche ihr beistimmen, ein Beweis mehr dafür, daß sie recht hat.

III. Literarische Wertung im Überblick

Das Faktum der Wertung ist nicht neu, wohl aber das Problembewußtsein der Wertenden, vor allem der Wissenschaftler. Fragten bereits frühere Epochen nach Bedingung, Möglichkeit und Notwendigkeit des Kunsturteils, so belegt erst die Fülle von Publikationen aus diesem Jahrhundert, wie sehr inzwischen Wertung zum »Problem« geworden ist.[1] Das heißt, der literarische Wert, das an Literatur als wünschenswert oder erstrebenswert Erachtete, ist keine kulturelle Selbstverständlichkeit, sondern eine höchst ambivalente soziale Tatsache. Gegenstände der Untersuchung sind nicht nur die Beschaffenheit der Literatur, die der Wertschätzung würdig gilt, sondern auch das wertende Subjekt, das das Werk aufgrund einer Reihe von individuellen und gesellschaftlichen Faktoren als positiv anerkennt, bzw. die Formen der Werterkenntnis (emotionales Wertfühlen oder intellektuelles Werterfassen) und der Grad der Verbindlichkeit, der Wertaussagen zukommen könne, wobei eine der entscheidenden Fragen der literaturwissenschaftlichen Problemerörterung lautet: Wie kann erreicht werden, daß wertende Aussagen über Literatur mehr sind als subjektive Willkürakte oder individuelle Geschmacksurteile?
Seit der Antike bis hin zu Renaissance und Barock glaubte man fest, mit Hilfe absolut gültiger und objektiver Maßstäbe bestimmen zu können, was Dichtung, vor allem, was gute Dichtung sei, und entwickelte zu diesem Zweck bestimmte Regelpoetiken und Kunstlehren. Mit dem Aufkommen des Originalitäts- und Geniedenkens im 18. Jahrhundert und durch die Geschmackslehre des 19. Jahrhunderts wurde aber diese Überzeugung erschüttert. Nicht zuletzt seit Kant zweifelte man an der Möglichkeit objektiver ästhetischer Urteile: »Es kann keine objektive Geschmacksregel, welche durch Begriffe bestimmte, was schön sei, geben. Denn alles Urteil aus dieser Quelle ist ästhetisch, d. h.,

[1]. Vgl. Darstellung der Forschungsgeschichte bei Mecklenburg 1977.

149

das Gefühl des Subjekts und kein Begriff des Objekts ist
sein Bestimmungsgrund« *(Kritik der Urteilskraft)*. Die Unterscheidung von Kunst und Unkunst schien somit Sache
des individuellen Wertgefühls. Man war jedoch der Meinung, daß nur eine spezifische Beschaffenheit des literarischen Werkes solche Gefühle auslösen könne und daß die
exakte Analyse der literarischen Werke Aufgabe einer literarischen Wissenschaft sei. Daß die Germanistik im 20. Jahrhundert sich dennoch nur zögernd mit der literarischen
Wertfrage beschäftigte, hatte indessen seine Ursachen in
wissenschaftstheoretischen Argumentationszusammenhängen
der Zeit. Der Soziologe Max Weber hatte 1917 das Ideal
einer voraussetzungslosen, wertfreien Wissenschaft verkün-
det, die sich jeglicher Werturteile zu enthalten habe. Der
Philosoph Max Scheler hatte mit seiner Lehre vom Wertfühlen das intuitive Werterlebnis dem wissenschaftlich begründeten Urteil übergeordnet und einer Überbetonung des
Erlebnisgedankens Vorschub geleistet.
Innerhalb dieses Streites um die Spielregeln wissenschaftlichen Tuns beziehen die Geisteswissenschaften schließlich
Position, indem sie klar zum Ausdruck bringen, daß Verstehen als geisteswissenschaftliche Erkenntnismethode Werturteile beinhaltet. Die Entwicklung einer Wertungstheorie
in der ersten Hälfte dieses Jahrhunderts vollzieht sich einerseits im Zusammenhang mit der Überwindung von positivi-
stischen und historistischen Positionen und damit als Ablehnung einer nur wertfreien Beschreibung von Texten,
andererseits in Anlehnung an eine phänomenologische Wertlehre, die die Identität von Wesen und Wert der Dichtung
betont. Man verteidigt innerhalb der Literaturwissenschaft
»das Streiten über ästhetische Werte als notwendig und sinnvoll« (Beriger) und sucht den Einwand von der Relativität
aller Urteile wissenschaftlich zu widerlegen.
Dieser Streit um Wertung kennzeichnet darüber hinaus im
modernen Massenzeitalter mehr als ein literarisches Problem. Er hat seinen Ursprung letztlich in der Krise der
bürgerlichen Kultur. Durch den Verlust der obersten Werte

der christlichen, humanistischen, nationalen) sah man sich auch in ästhetischen Wertentscheidungen verunsichert bzw. fühlte sich herausgefordert, den immer offenkundiger werdenden Widersprüchen zwischen bürgerlichen Idealen und gesellschaftlicher Wirklichkeit mit Hilfe metaphysisch orientierter Wertlehren und idealistischer Kunstauffassungen zu begegnen, ohne zu erkennen, daß diese sich im Sinne völkisch-nationaler Ideologie und Wertungspraxis mißbrauchen ließen.

Im folgenden soll versucht werden, die Fülle von Untersuchungen, die seit einem halben Jahrhundert bemüht sind, die Wertfrage theoretisch abzusichern, nach gemeinsamen oder verwandten Problemstellungen und theoretischen Grundlagen zu gruppieren. Schon Wolfgang Kayser hatte betont: »Jede Wertungslehre ruht auf einer Theorie der Dichtkunst, ja auf einer Ästhetik, ob sie nun ausgesprochen wird oder nicht«[1a]. Demzufolge läßt sich eine erste Gruppe von Wertpositionen trotz aller Unterschiede im Detail nach ihrem Ausgangspunkt von der *traditionellen Ästhetik* zusammenfassen. Ihre Vertreter sind mehr oder weniger den klassisch-romantischen Modellvorstellungen von Literatur verpflichtet, d. h., sie orientieren sich am Autonomieanspruch des Kunstwerks bzw. an einem ganzheitlichen Kunstbegriff.

Die Sonderstellung, die dem Kunstwerk hier zugesprochen wird, rechtfertigt zum einen die Beschränkung des Erkenntnisinteresses auf bestimmte Bereiche der Literatur bzw. auf die Frage nach dem spezifischen Kunstcharakter (Wertung dient der Trennung von Kunst und Unkunst), zum anderen stützt sie das Bemühen um Klassifikation künstlerischer Texte (Wertung bemüht sich um einen Kanon der Meisterwerke mit entsprechender Rangabstufung). Der ideologische Aspekt ist unübersehbar: Kunst, seit dem 18. Jahrhundert Ausdruck bürgerlichen Emanzipationsstrebens, wird zum Medium der Rechtfertigung bürgerlicher Wertvorstel-

a. Wolfgang Kayser: Die Vortragsreise. Bern 1958. S. 45.

lungen und Herrschaftsansprüche. Der Sonderstellung des Kunstwerks entspricht eine Sonderstellung des (richtig) Wertenden: »Die echten Wertungen stammen nur von Berufenen«, meint Kayser. Gleichzeitig kennzeichnet dieser elitäre Wissenschaftsbegriff auch die Anstrengung, literarische Erfahrung, die nur in Abhängigkeit vom Wertgefühl, in strenger Individualität und Einmaligkeit des subjektiven Werterlebnisses gedacht werden konnte, nun wissenschaftlich objektivierbar zu machen, d. h. auf objektive Gegebenheiten des Gegenstandes zurückzuführen, auf allgemeine, Gültigkeit beanspruchende Begriffe zu bringen und in verbindliche Urteile zu fassen. Staigers Forderung, »zu begreifen, was uns ergreift«, bringt auf eine griffige Formel, was die Wertungstheoretiker von nun an beschäftigt: das spannungsreiche Verhältnis zwischen subjektiven (Werterlebnis) und objektiven (wissenschaftssystematische Untersuchung) Voraussetzungen des Werturteils. Man bemüht sich zwar um Anerkennung eines Anspruchs auf Allgemeingültigkeit literarischer Urteile, bleibt aber gegenüber der Erfüllbarkeit einer solchen Forderung skeptisch.

Im Vordergrund steht zunächst das Bestreben, mit Hilfe einer literarischen Werttheorie *Maßstäbe* zu setzen, die literarische Texte verbindlich qualifizieren: Johannes Pfeiffer formuliert 1936 normative Grundbegriffe (Echtheit, Ursprünglichkeit, Gestaltetheit), Leonhard Beriger entwickelt 1938 ästhetische (Erfindung, Sprache, Symbolik, Atmosphäre, Form) und außerästhetische (Weltanschauung, Ethos, das Religiöse und das Nationale) Gesichtspunkte, Julius Petersen nennt 1939 Maßstäbe (Echtheit, Größe, Sinnbildhaftigkeit) der Wertung. Das Bemühen, nicht nur die ästhetischen (von der künstlerischen Beschaffenheit des Werkes abgeleiteten), sondern auch die außerästhetischen Gesichtspunkte der Wertung zu erfassen, hatte aber verhängnisvolle Folgen. Während man einerseits mit der Gegenüberstellung von Ästhetischem und Weltanschaulichem eine unpolitische Kunstbetrachtung retten wollte, rechtfertigte man andererseits die politisch-nationalen Wertun-

en des Faschismus. Robert Petsch schrieb 1940: »Wenn
lso der reine Literaturwissenschaftler oder -historiker eher
;eneigt ist, die individuelle oder die dichterisch gattungs-
näßige Seite des Kunstwerks zu ›deuten‹, so muß der wer-
ende Betrachter seine soziale und nationalpolitische Seite
vor allem ins Auge fassen und danach das Gelingen, die
atsächliche Leistung bemessen.«[2] Beriger hatte ebenfalls
on nationalen Aspekten der Wertung gesprochen, doch
.ugleich gewarnt: »Zwar ist jede wertvolle Dichtung natio-
ial, aber nicht jede als national geltende Dichtung ist wert-
~oll.«[3]
;chon bei Petersen treten neben die ästhetischen, ethischen
ind religiösen Werte gleichberechtigt die volkhaften, womit
lem Faschismus die Grundlage geboten wurde, den Ideen-
;ehalt des Werkes auf das volkhaft Echte, das Arteigene
ind Rassebewußte festzulegen und Wertung zum Instru-
nent völkischer Literaturauslese zu pervertieren. So formu-
iert Heinz Kindermann, der 1939 Literaturwissenschaft als
•volkhafte Lebenswissenschaft« versteht, neue Wertgrund-
agen. Sie werden zum Wert- und Auswahlprinzip für eine
•ewußt getroffene Auslese aus dem »Schrifttum«, die
•Krank und Gesund genau so im Literarischen zu scheiden
veiß, wie wir es nun infolge unserer rassehygienischen Ein-
ichten auch im Bereich des mit dem Seelenleben so eng
verflochtenen Leiblichen, aber natürlich auch im Bereich
les Religiösen, des Sittlichen, des Sozialen, des Politischen
un«[4]. »Blut«, »Volk«, »Erde«, »Rasse« werden innerhalb
ler nationalsozialistischen Literaturtheorie zu allgemein-
;ültigen und ewigen Werten deklariert.
3egreiflicherweise verursachten solche Erfahrungen einer
otalen Indienstnahme der Literatur für totalitäres Denken
ind politisch-ideologische Wertung nach 1945 eine Befan-

2. Robert Petsch: Deutsche Literaturwissenschaft. Berlin 1940. S. 117.
3. Leonhard Beriger: Die literarische Wertung. Halle 1938. S. 136.
4. Heinz Kindermann: Dichtung und Volkheit. Berlin ²1939; hier
ach: NS-Literaturtheorie. Hrsg. von Sander L. Gilman. Frankfurt a. M.
1971. S. 35.

genheit, die sich auf die Diskussion der literarischen Wertfrage auswirkte. Die Abwehr »kunstfremder Ansprüche«
wurde von der Nachkriegsgeneration vor allem mit Hilfe
eines unreflektiert und unkritisch tradierten *ästhetischen*
Autonomiebegriffs begründet.[5] Die Idee von der Selbst-
bezüglichkeit und Geschlossenheit des Kunstwerks, die auf
klassisch-romantische Traditionen zurückgeht, hat jedoch
im Laufe der Entwicklung einen Bedeutungswandel erfahren. Im aktuellen sozialgeschichtlichen Zusammenhang des
ausgehenden 18. Jahrhunderts hat die Lehre von der Autonomie der Kunst bzw. der Literatur als einem zweckfreien
selbstgesetzlichen Bereich durchaus gesellschaftlich emanzi-
patorische Funktion. Die arbeitsteilige Produktionsweise
bringt in der entstehenden bürgerlich-kapitalistischen Gesellschaft Entfremdungsphänomene hervor, auf die Kunst-
produzent und -rezipient reagieren: Kunst als autonome
ist nicht nur Ausdruck einer nichtentfremdeten Ganzheit,
sondern dient auch der Befreiung von staatlicher, ständi-
scher, politischer, religiöser und sonstiger Bevormundung.
Der Zusammenhang zwischen klassischem Autonomieanspruch und bürgerlichem Freiheitsbegriff macht deutlich,
daß sich der Künstler in dieser Periode durchaus zu seinem
öffentlichen Auftrag und zu dem gesamtgesellschaftlichen
Anspruch von Kunst und Literatur bekennen kann. Die
zumindest im geschichtsphilosophischen Denken Schillers
noch denkbare Aufhebung des Gegensatzes zwischen Kunst
und Wirklichkeit geht jedoch verloren: Der Autonomie-
gedanke begründet eine Auffassung von Kunst als einen
von der Lebenspraxis total abgehobenen Bereich. Im 19.
und 20. Jahrhundert wird der unter bestimmten historischen Bedingungen entstandene autonomieästhetische Kunst-

5. Zum Autonomiebegriff vgl. besonders Jochen Schulte-Sasse: Literarische Wertung. Stuttgart ²1976; ders.: Autonomie als Wert. In: Literatur und Leser. Hrsg. von Gunter Grimm. Stuttgart 1975. (Auszüge in
diesem Band, II, 13.); Hans Joachim Schrimpf: Der Schriftsteller als
öffentliche Person. Zur Krise der Wertmaßstäbe. In: aus politik und
zeitgeschichte. Beilage zur Wochenzeitung »Das Parlament« vom
9. Febr. 1974. S. 3–19.

begriff unhistorisch dogmatisiert und als ideologisch wirksames Wertkriterium aufrechterhalten. Die aus dem normsetzenden Kunstverständnis von Klassik und Romantik abgeleitete Idee von der gesellschaftlichen Unverbindlichkeit und politischen Überparteilichkeit des Kunstschönen macht es besonders nach 1945 möglich, außerästhetische Gesichtspunkte der Wertung auszublenden, sich auf die Eigengesetzlichkeit des Kunstwerks zu beschränken und sich einer Reflexion des Zusammenhangs von ästhetischem Wert und sozialer Wirklichkeit erfolgreich zu entziehen.

Die Anhänger der sog. werkimmanenten Schule (Hauptvertreter: Wolfgang Kayser, Emil Staiger) beschränken sich in streng werkzentrierter Methode auf den literarischen Text. Wissenschaftliche Bestimmung literarischer Qualität ist nur durch das Messen des Werkes an sich selber möglich. Die in kunstgerechter Interpretation nachzuweisende organische Einheit aller Teile geht unverkennbar auf den Ganzheitsbegriff der klassischen Autonomielehre zurück: »Ein Kunstwerk hat danach eine lebendige, strukturell in sich gegliederte Organisation zu sein, ein naturanaloger Organismus, eine architektonische Komposition, etwas Lebensechtes, Vollkommenes, ›in sich selbst Vollendetes‹, worin Geist und Sinnlichkeit zur Harmonie vereinigt sind. Es gestaltet die ›Einheit im Mannigfaltigen‹, durch welche die inneren Spannungen in einer höheren Totalität aufgehoben und versöhnt erscheinen. Die diesem ganzheitlichen Kunstbegriff zugrundeliegende ästhetische Autonomiekonzeption zielt auf die Gestaltung vollendeter Schönheit und Freiheit: Kosmos heißt ›schöne Welt‹, ›geschmückte Welt‹; und das Kunstwerk ist wie ein kleiner Kosmos für sich.«[6]

Die Diskussion um die Maßstäbe der Wertung, die um Begriffe wie Einstimmigkeit/Ganzheit, Ursprünglichkeit, Symbolhaftigkeit, Gestaltetheit kreist, greift damit auch Ansätze aus der Zeit vor dem Zweiten Weltkrieg wieder auf, wie z. B. Pfeiffers Unterscheidung von Texten nach den Oppo-

---

6. Schrimpf, a. a. O., S. 4.

sitionspaaren echt–unecht, ursprünglich–nichtursprünglich geredet–gestaltet.[7] Die formal-stilistische Ebene bleibt zentraler Schwerpunkt der Wertungsdiskussion.

Dem besonderen Status von Dichtung bleibt die Diskussion auch dann noch verpflichtet, wenn sie sich nicht auf die formalästhetische Wertbestimmung beschränkt, sondern sich um den Nachweis ihrer ontologischen Bedeutung bemüht. Dichtung wird in diesem Sinne als das entscheidende Medium zur Verständigung über Welt und Dasein begriffen. Das wertvolle Kunstwerk ist die treffende und wahre Darstellung der tatsächlichen Natur des Menschen. So versucht man im Sinne der Heideggerschen Existenzphilosophie den Rang einer Dichtung danach zu bestimmen, ob sie das Sein des Menschen treffe oder verfehle, bzw. ob sie wahrhaft Welt erschließe (Horst Oppel), und man bemüht sich, literarische Qualität aus der Wechselbeziehung zwischen Lebens- und Erkenntnisbedeutsamkeit abzuleiten (Hans-Egon Hass) oder gar nach dem Vorbild von Hegels *Phänomenologie des Geistes* Dichtung aufgrund ihrer Zuordnung zu bestimmten menschlichen Daseins- und Bewußtseinsstufen in eine absolute Rangordnung zu bringen, die nicht zuletzt deshalb als verbindlich anzusehen sei, weil sie Grundprobleme menschlicher Existenz und nicht zeit- und persönlichkeitsbedingte Verhaltensweisen erfasse (Wilhelm Emrich).

Bezeichnend ist, daß sich mit der partiellen Verlagerung der Diskussion auf den ontologischen Status von Dichtung in den sechziger Jahren eine Kritik an der werkimmanenten Schule und ihrer Überbetonung des Formal-Ästhetischen anbahnt. Vor allem ruft man sich ins Bewußtsein, daß auch ästhetische Qualitäten historisch bedingt sind, und knüpft an Überlegungen wieder an, die schon einmal in der

7. Johannes Pfeiffers frühe Untersuchung aus dem Jahre 1936 »Wertung. Normative Grundbegriffe« hatte besonders nachhaltige Wirkung auch innerhalb des Literaturunterrichts. Vgl. z. B. Friedrich Kranz Wege zum Abituraufsatz. Die Gedichtinterpretation. München 1963 der sich für seine Beispiele der Gedichtinterpretation ausschließlich an Pfeiffers Kriterien orientiert.

geistesgeschichtlichen Epoche der Germanistik von Bedeutung waren. So hatte Oskar Walzel bereits 1923 gefordert, den Rang eines Kunstwerks danach zu messen, ob es adäquater Ausdruck seiner Zeit sei.[8] Der Gedanke der *Geschichtlichkeit*, die Anerkennung des Historischen, Wandelbaren, Zeitbezogenen, beginnt nun in einer Reihe von Arbeiten eine Rolle zu spielen (Hass, Emrich, Walter Müller-Seidel). Für sie wird vor allem zum Problem, die Geschichtlichkeit des Werkes anzuerkennen und dennoch einer Relativität des Urteils zu entgehen. Sie alle distanzieren sich von einer Auffassung des Kunstwerks als Dokument historischer Verhältnisse und bemühen sich, durch eine Reihe von Denkoperationen die Spannung zwischen Geschichtsenthobenheit und Geschichtsgebundenheit, zwischen geschichtlich Bedingtem und übergeschichtlich Absolutem aufzufangen. So möchte Hass, der »Ausdruck des Zeitgehalts«, »Wirkungsdauer« und »Urteil der Nachwelt« durchaus als Maßstäbe der Wertung bzw. »Begrenzungshilfen der Subjektivität« berücksichtigt, dem Kunstwerk als »zeitgebundenem Träger zeitloser Werte« überindividuelle Geltung verschaffen durch den von Ernst Troeltsch entlehnten Gedanken der Wert- und Kulturgemeinschaft[9]: Von Wertsetzung könne nur dann die Rede sein, wenn dem individuellen Urteil das Wertbewußtsein einer ganzen Kultur zugrunde liege, wenn es auf die kulturelle Gemeinschaft mit anderen ziele. Für Emrich beweist das Kunstwerk seinen Wert weder mit Hilfe geschichtlich bestimmter Gehalte noch mit Hilfe geschichtlich bestimmter formaler Qualitäten, sondern allein durch das »Kontinuum der Reflexion«, d. h. durch einen unendlichen Bedeutungsreichtum, dessen Vielfalt nie zu Ende reflektiert werden könne. Müller-Seidel möchte bei aller Offenheit gegenüber dem

---

8. Oskar Walzel: Gehalt und Gestalt im Kunstwerk des Dichters. Potsdam 1923.
9. Ernst Troeltsch (1865–1923), ev. Theologe und Philosoph, der als die Hauptfrage der Geschichtsphilosophie die Frage nach dem Verhältnis von historisch Relativem und sachlich Absolutem ansah.

157

geschichtlich bedingten Wandel das Übergeschichtliche nicht preisgeben und bemüht sich, den Anspruch durch fünf übergeschichtliche Normen (das Öffentliche, das Höhere, das Ganze, das Wahre, das Menschliche) zu fassen.

Wenn auch die Arbeiten von Hass, Emrich und Müller-Seidel den traditionellen Kunstbegriff nicht generell in Frage stellen und dem autonomieästhetischen Denken verhaftet bleiben, so leiten sie doch eine Wende der Wertungsdiskussion ein. Der Glaube an die übergeschichtlichen absoluten Normen, nach denen eine literarische Werttheorie ihre Maßstäbe setzte und Werke als verbindlich qualifizierte ist erschüttert. Kunstwerke gelten nicht länger als überzeitliche Wertobjekte, sondern als soziale Tatsachen, d. h., auch Wertung als Reaktion auf literarische Texte ist als historisch und sozial bedingt anzusehen. Damit kündigt sich ein Wandel der ästhetischen Systeme an: Die Frage nach *Funktion* und *Wirkung* von Literatur tritt in den Vordergrund, das Erkenntnisinteresse verschiebt sich auf diese Weise vom Werk und Autor auf den *Leser* und seine aktive Teilnahme an der Bedeutungsentfaltung des literarischen Textes. Im Zeitalter der Nicht-mehr-so-schönen-Künste (Siegfried Kracauer) tritt an die Stelle des statischen Wertes der Schönheit (vgl. Kayser/Staiger) der dynamische Wert der Funktion (vgl. Jan Mukařovský), Wertung wird immer stärker als offener Prozeß verstanden.

Mit dieser Umorientierung ist auch ein Prozeß der literaturwissenschaftlichen Selbstreflexion im Sinne von Jürgen Habermas verbunden, indem nicht nur die verfestigten Muster der Wertung in Frage gestellt und die bisherige übergeschichtliche Anwendung geschichtlich bedingter ästhetischer Kategorien ideologiekritisch untersucht, sondern allmählich auch die so lange ignorierten Einsichten der Sozialwissenschaften zur Kenntnis genommen werden, daß Werte weder zeitlos gültige Wesenheiten noch subjektive Gefühlseindrücke sind, sondern sozial und historisch bedingte Sinnvorstellungen, die intersubjektive Geltung beanspruchen müssen, wenn Kunst ihre kommunikative Funktion beweisen soll.[10]

Im Kontext rezeptionsästhetischen Denkens und ideologiekritischer Überlegungen wird der allen bisherigen Werttheorien zugrundeliegende Literaturbegriff in Frage gestellt.[11] Nicht zuletzt aus der Autonomiedoktrin resultiert seit dem 18. Jahrhundert eine antithetische Trennung zwischen hoher Literatur mit großem ästhetischem Anspruch und massenwirksamen Literaturformen, die als minderwertig oder ästhetisch wertlos abqualifiziert und lange Zeit als das »Böse im Wertsystem der Kunst« (Hermann Broch) aus den Untersuchungen kategorisch ausgeschlossen wurden. Mit der Hinwendung zum Literaturrezipienten und einen quantitativen und qualitativen Bedürfnissen ist das Bestreben verbunden, den bisher mißachteten Bereich ästhetischer Erfahrung theoretisch aufzuarbeiten. Vor allem die in den sechziger Jahren rasch anwachsenden Bemühungen um fachwissenschaftliche Legitimation der sog. *Trivialliteratur* geben der Wertungsdiskussion neue Impulse, da nicht zuletzt an diesem Gegenstand bewußt wird, daß ästhetische Untersuchungen durch gesamtgesellschaftliche, sozialpsychologische und sozioökonomische Aspekte zu ergänzen sind. Am Beispiel der Trivialliteratur entzündet sich die Diskussion um die Kategorien außerkünstlerischer Wirkung und Sinndeutung von Kunst, die auf Kritik der als veränderungsbedürftig erkannten sozialen und politischen Verhältnisse zielt. Statt Reproduktion der überkommenen Werte wird kritische Reflexion des Bestehenden im Hinblick auf die Zukunft gefordert. Der einst erstrebte Ausgleich gesellschaftlicher Konflikte und Widersprüche im Geistig-Seeischen wird als Harmonisierungs- und Verschleierungsvor-

10. Zur sozialwissenschaftlichen Diskussion vgl. vor allem: Werturteilsstreit. Hrsg. von Hans Albert u. Ernst Topitzsch. Darmstadt 1971 und Werner Hofmann: Vom Werturteil in der Gesellschaftslehre. In: W. H., Universität, Ideologie. Gesellschaft. Frankfurt a. M. 1968. S. 67–91.
11. Einen Überblick »Zum Literaturbegriff der sechziger Jahre in der Bundesrepublik Deutschland« gibt Helmut Kreuzer in H. K.: Veränderungen des Literaturbegriffs. Göttingen 1975. S. 65–75.

gang im Dienste bestimmter politischer und ideologischer Interessen abgelehnt. Die qualitative Bedeutung der Literatur wird dabei aufgrund ihrer Möglichkeiten, das Außerkünstlerische mit ästhetischen Mitteln zu artikulieren und spezifische Wirkungen hervorzubringen, diskutiert. Indem man sich bemüht, aus dem Zirkel von Werkbetrachtung und Icherfahrung herauszukommen, zeigt sich, daß die Thematisierung des lange verdrängten Außerästhetischen unumgänglich geworden ist.

Vor allem wird die feste literarische Grenzziehung zwischen Gut und Schlecht, Kunstwerk und Trivialliteratur in Frage gestellt: »Der absolut gefaßte Gegensatz ›hohe Kunst – minderwertige Literatur‹ ist arrogant, abstrakt und falsch, der Sache und der literarischen Realität unangemessen und schädlich in seinen Auswirkungen. Zwischen den Extremen liegt hingegen die vielfältig abgestufte Wirklichkeit.« Es wird gefordert, das dualistische Denken und Qualitätsbewußtsein in realistischer Neuorientierung durch ein gradualistisches zu ersetzen.[12] Besonders Helmut Kreuzer[1] verlangt Verzicht auf theoretische literarische Klassifikation, auf Kanonbildung und literarische Kampfbegriffe. Dem normativen, aufgrund wertender Kriterien zuordnenden Literaturbegriff wird der empirisch deskriptive gegenübergestellt, der zunächst einmal bestrebt ist, zu erfassen, was für einen bestimmten Raum, eine bestimmte Zeit als Literatur gilt. Damit werden auch die sog. literarischen Geschmacksträger der Zeit, die Mittler von Literatur, einbezogen, die als Sichtungsinstanzen fungieren und, unabhängig vom möglichen sozialpsychologischen Wert der Literatur für den einzelnen Rezipienten, die Geltung literarischer Werke beeinflussen.

Eine Zeitlang wird auch das Wertproblem weniger unter

12. Schrimpf a. a. O., S. 12.
13. Helmut Kreuzer: Trivialliteratur als Forschungsproblem. Zur Kritik des deutschen Trivialromans seit der Aufklärung. In: DVjs 41 (1967) S. 173–191. (Auszüge in diesem Band, II, 9.) – Eine der wichtigsten Untersuchungen zum Problem der Trivialliteratur: Jochen Schulte-Sasse, Die Kritik an der Trivialliteratur seit der Aufklärung. München 1971.

ästhetischem als unter sozialkritischem Aspekt diskutiert. Ästhetische Urteile, denen eine Unterscheidung zwischen hoher und Trivialliteratur zugrunde liegt, werden als autoritäre Setzung und als schichtenspezifischer Geschmacksterror verurteilt: Die herrschende Schicht wertet ihre eigene Literatur auf und die der beherrschten Schicht ab. Zeitweilig scheint damit die Möglichkeit der Geltung ästhetischer Urteile generell in Frage gestellt. Die Forderung, ästhetische durch funktionale Wertung zu ersetzen, die davon ausgeht, daß alle Literatur prinzipiell die gleiche Funktion habe und damit auf ihre Weise der Bedürfnisbefriedigung und dem legitimen Verlangen nach Ausgleich diene und entsprechend ernst zu nehmen sei, verlagert das Problem auf eine sozialpsychologische Dimension, die der speziellen Frage der ästhetischen Wertung nicht gerecht wird. Auch wird das vorhandene literarische Qualitätsbewußtsein damit genausowenig in Frage gestellt wie beispielsweise eine allgemeine Höherschätzung von Meißener Porzellan im Vergleich zu Papptellern, obwohl hier ebenfalls gleiche Funktionen erfüllt werden.[14]

Unter den verschiedenen Positionen, die in vieler Hinsicht vom traditionellen Kunst- und Literaturverständnis abweichen, die werkimmanente Methode durch soziologische, ideologiekritische, strukturalistische bzw. semiotische Betrachtungsweisen ablösen und das Wertproblem neu akzentuieren, ist Mukařovskýs Ansatz einer der differenzierteren. Im Mittelpunkt seiner theoretischen Reflexionen, die nach 1970 die deutsche Wertungsdiskussion nachhaltig beeinflussen, steht die Frage nach der Wirkung von Kunstwerken, nach ihrer Beziehung zu Gesellschaft und Wirklichkeit.

Die drei bei Mukařovský das Ästhetische differenzierenden korrelativen Größen – Funktion, Norm, Wert – sind nicht nur soziale Fakten, indem ihre Bedeutung ausschließlich

14. Vgl. dazu auch Hans Paul Bahrdt: Der Deutschunterricht aus der Sicht eines Soziologen. In: Jürgen Gidion u. Hans P. Bahrdt, Praxis des Deutschunterrichts. Göttingen 1973. S. 75–104.

auf den Gesamtbereich menschlichen Handelns bezogen ist
sondern zugleich auch dynamische, die Prozeßhaftigkei
und Historizität der Wertung kennzeichnende Faktoren
Die Kraft, die den Wert schafft, die *ästhetische Funktion*
hat sowohl im Hinblick auf die Erscheinungen, die ihr
Träger sind, als auch im Hinblick auf die Gesellschaft, i
der sie zur Geltung kommt, dynamischen Charakter; di
Regel, die den Wert mißt, die *ästhetische Norm*, ist keines
wegs unveränderlich, sondern ein komplizierter, sich steti
erneuernder Prozeß; der im Kunstwerk der Norm über
geordnete *ästhetische Wert* erweist sich als dynamische
Organisationsprinzip, das die Beziehung zwischen Kuns
und Wirklichkeit herstellt. Mukařovskýs Differenzierun
zwischen »materiellem Artefakt« und »ästhetischem Ob
jekt« ermöglicht ihm, sowohl von Wandelbarkeit der ak
tuellen ästhetischen Wertung als auch von Stetigkeit de
objektiven ästhetischen Wertung zu sprechen: Während di
Voraussetzung eines gültigen Urteils, der materielle Kunst
gegenstand bzw. literarische Text, unveränderlich bleibt
aber auch nur potentielle Bedeutung hat, ist der eigentlich
Gegenstand des Wertungsvorganges, das ästhetische Objek
d. h. die Vorstellung vom Kunstwerk im kollektiven Be
wußtsein der Rezipienten, im höchsten Maße wandelbar
Mukařovský sieht das Kunstwerk als ästhetisches Zeichen
das im Gegensatz zum mitteilenden Zeichen nicht unmittel
bar auf die konkrete Wirklichkeit verweist, sondern desse
Bezug zur Wirklichkeit erst durch den Rezipienten auf
grund seiner geschichtlichen und lebenspraktischen Erfah
rungen hergestellt werden muß. Er ermöglicht damit nich
nur die Erfassung der Wandelbarkeit und Vielfalt ästheti
scher Wertungen, sondern betont zugleich auch eine gewiss
Autonomie des Kunstwerks, das auf diese Weise von de
Lebenspraxis abgehoben, aber nicht absolut von ihr geschie
den ist. Aus der Spannung zwischen den außerästhetische
Werten des Werkes und den aktuellen Werten des jeweili
gen Kollektivs ergibt sich die Möglichkeit, auf das Verhält
nis zwischen Mensch und Gesellschaft einzuwirken. Wäh

end dieser in das reale gesellschaftliche Wertsystem nicht
hne weitreichende Folgen eingreifen kann, ermöglicht ihm
ie Kunst, in der die Normverletzung einen höheren Wert
arstellt als die Normerfüllung, eine veränderte Wahrneh-
ung der Wirklichkeit. Mukařovský entgeht auf diese Weise
owohl einer Auffassung von Kunst als bloßer Widerspie-
elung der empirischen Wirklichkeit als auch einer radika-
en Trennung von Kunst und Lebenspraxis.

n die Überlegungen von Mukařovský knüpft die deutsche
ezeptionsästhetik, vor allem Hans Robert Jauß, an. Auf-
ahme und Wirkung eines Werkes sind für Jauß durch ein
ezugssystem von Erwartungen bestimmt, das sich aus Vor-
erständnissen literarischer und gesellschaftlicher Art kon-
tituiert (rekonstruierbarer Erwartungshorizont). Das neue
terarische Werk kann nun bei seinem Erscheinen oder bei
äterer Rezeption zu dem vorgefundenen Erwartungshori-
ont in ein Spannungsverhältnis treten. Die Übereinstim-
ung mit Mukařovský ist offenkundig, wenn sich auch für
auß der ästhetische Wert eines Werkes daran bemißt, wie-
eit es in der Lage ist, aufgrund einer ästhetischen Diffe-
enz zwischen dem Vorgegebenen und dem Neuen vertraute
rwartungen zu übersteigen und einen Horizontwandel zu
ewirken.

ndere Arbeiten bemühen sich um eine Neuformulierung
es Wertproblems mit Hilfe der *kommunikations-* bzw.
eichentheoretisch formulierten Betrachtungsweise. Aller-
ings zeigt sich: Auch ein so weitgefaßtes Gegenstandsver-
tändnis, das sich am umfassenden Bereich aller Kommuni-
ationsvorgänge orientiert und alle literarischen Urteile als
urch das Grundmodell Sender, Empfänger, Botschaft, Zei-
hen definiert sieht, entgeht nicht der Aufgabe, die Beson-
erheit der poetischen Zeichensprache bzw. die unterschied-
iche Verwendung von Zeichenelementen in der fiktionalen
ommunikation und damit die verschiedenen Qualitäten
nd Bedeutungen der Zeichen, die eine Botschaft vermitteln,
u bestimmen. Nicht umsonst stellt die Nichtfestlegbarkeit
er Bedeutung des literarischen Textes eines der Zentral-

probleme der literarischen Wertung dar. Conrady formuliert das Problem einer an Wirkung und Funktion orientierten Wertung: »Wir haben zu fragen und zu analysieren unter welchen Kommunikationsbedingungen ein Text welchen Sinn zu welchem Zweck vermittelt und dementsprechend organisiert ist.«[15]

Um eine Antwort auf solche Fragen bemüht sich z. B. Günter Waldmann, wenn er mit Hilfe verschiedener moderner Konzeptionen und Begriffe (aus der Ästhetik Mukařovskýs, der Zeichentheorie von Morris, der Marxschen Ökonomie usw.) den formalen und materialen Vorgang des Wertens analysiert. Er kommt zu dem Schluß, eine Nachricht sei nur dann für einen Leser von Wert, wenn sie für ihn relevant sei, relevant aber sei sie nur, wenn sie materiale Bedürfnisse des Rezipienten befriedige. Dafür sei wiederum formale Voraussetzung, daß die Kodierung der literarischen Nachricht angemessen sei. Eine materiale Voraussetzung, daß der Rezipient diese adäquate Kodierung eine für ihn relevanten Nachricht über Literatur aufnehme und damit (statt sich z. B. mit Sport oder anderen Dingen zu beschäftigen) bestimmte Bedürfnisse befriedige, sei allerdings eine bestimmte literarische Interessenrichtung. Erst durch das Ineinandergreifen der vier formalen und materialen, textorientierten und rezipientenbezogenen Kriterien (Textrelevanz, Kodierungsadäquatheit, Bedürfnislage und literarische Interessenrichtung des Rezipienten) wird nach Waldmann die Wertschätzung eines literarischen Textes begründet.

Zu den primär an Funktion und Wirkung der Literatur ausgerichteten Positionen der Wertungsdiskussion sind nicht zuletzt auch die Vertreter der *historisch-materialistischen* Rezeptionstheorie zu zählen. Literarische Wertung – kein grundsätzliches Problem der marxistischen Ästhetik – wird dort erst in jüngster Zeit thematisiert. Viele Fragen der westlichen Wertungsdiskussion (Wertfreiheit oder Wertbin-

15. Karl Otto Conrady: Vom Lesen und seinen Schwierigkeiten. In: Bertelsmann Briefe H. 93 (1978) S. 36.

dung, objektive Maßstäbe oder subjektives Werterlebnis, absolute oder relative Gültigkeit, ästhetische oder außerästhetische Kriterien bzw. ihr Verhältnis zueinander) stellen sich innerhalb dieser Literaturtheorie nicht oder haben nur marginale Bedeutung. Im Gegensatz zur bürgerlich-pluralistischen Betrachtungsweise, die das Phänomen Literatur durch eine Vielzahl verschiedener Methoden und Kategorien zu erfassen sucht, bestimmt die marxistische Gesellschaftstheorie normativ die Grundlagen literaturwissenschaftlichen Denkens und Urteilens. Literatur, die als Teil des gesellschaftlichen Überbaus verstanden wird, ist nicht nur durch die materielle, ökonomisch-soziale Basis bedingt, sondern wirkt auch auf diese zurück. Die Widerspiegelung des Basis-Überbau-Verhältnisses wird jedoch nicht als passive Reproduktion sog. Oberflächenphänomene, sondern als bewußtseinsfördernde Abbildung der Realität mittels Kunst verstanden. Literatur erfüllt also eine Reihe primär gesellschaftlich zu verstehender Funktionen im Hinblick auf das oberste Ziel, die Veränderung der Welt, ihre Wertung ist stets bezogen auf die außerästhetische Realität. Literatur und Wissenschaft, die diese Literatur beurteilt, bekennen sich von vornherein zum leninistischen Grundsatz der Parteilichkeit.[16]

Aus ihrer Sicht kritisieren Marxisten an westlichen Untersuchungen vor allem die Isolierung der Qualitätsfrage. Für sie sind Werturteile nur als komplexes Phänomen im Zusammenhang mit der Stellung des Kunstwerks im gesamtgesellschaftlichen Prozeß zu diskutieren. Marxistische Theorie verbindet darum noch nachdrücklicher als die formale Ästhetik Mukařovskýs Wertung mit den Prozessen der außerästhetischen Praxis. Während nach Meinung marxistischer Theoretiker Werturteile in der Klassengesellschaft nur die divergierenden Bedürfnisse und Interessen sowie die unterschiedlichen sozialen Existenzbedingungen zum Aus-

16. Grundlage sind Lenins Ausführungen über »Parteiorganisation und Parteiliteratur« aus dem Jahre 1905. In: Wladimir I. Lenin, Werke. Bd. 10. Berlin [Ost] ²1959. S. 29–34.

druck bringen, wird ihnen in der sozialistischen Gesellschaft ein hohes Maß an Verbindlichkeit und Objektivität zugesprochen. Eine am marxistischen Geschichtsmodell orientierte Wissenschaft hält es für möglich, Literatur objektiv, d. h. ihre Qualität unter dem Aspekt einer tendenzieller Entwicklung auf gesellschaftlichen Fortschritt hin, zu beurteilen. So unterscheidet Hellmuth Barnasch sog. objektive Grundkriterien, wie die Frage nach Wahrheitsgehalt und humanistischem Wert, die durch stärker zeit- und geschichtsgebundene Wertmaßstäbe nationalen und sozialer Charakters ergänzt werden.

Wesentlich detaillierter als der handfeste Beitrag von Barnasch nimmt Rita Schober von marxistischer Seite zum Wertproblem Stellung. Sie bemüht sich, auf der Grundlage der materialistischen Gesellschaftstheorie eine differenzierte Problemanalyse zu leisten, die auch der spezifischen Bedeutung der Kunst gerecht wird. Wertung wird als gesellschaftlich vermitteltes Verhältnis zwischen Rezipient und Werk verstanden, d. h. als eine Tätigkeit, in der die Bedeutung des Werkes für den Betrachter gemessen wird (Bedeutungsrelation). Dieses Subjekt-Objekt-Verhältnis wird jedoch entscheidend bestimmt durch das gesellschaftliche Bezugssystem, so daß Wertung als Teil gesamtgesellschaftlicher Praxis und nicht als einseitig ästhetischer Akt zu verstehen ist. Auch Schobers Versuch, literarische Phänomene auf wissenschaftlicher Grundlage zu bewerten, geht vor der grundsätzlichen Frage nach Wesen und Funktion des Kunstwerks aus bzw. von der Fähigkeit des Kunstwerks Wirklichkeit in spezifischer Weise wiederzugeben. Im Widerspiegelungsprozeß beweist sich das Werk als eine Art »umbildende Abbildung« der Wirklichkeit. Schober spricht von einer »zweiten Wirklichkeit«, die auf die natürliche Welt verweist, aber nicht mit ihr identisch ist. Kunst und Literatur bauen eine Wertwelt auf, in der der eigentliche Darstellungsgegenstand, das Kunstwerk, zugleich als Erkenntnisobjekt das Verhältnis des Menschen zur Welt regelt. Insofern gehören Erkennen und Werten aufs engste zusammen. Die Wertung von Kunstwerken hat ein doppeltes Bezugssystem: Jedes Werk muß sowohl an der gesellschaftlichen als auch an der künstlerischen Wirklichkeit (Gesamtheit der zum Zeitpunkt der Rezeption vorhandenen literarischen Werke) gemessen werden. Wertung setzt nicht nur eine Analyse des Rezeptions-, sondern auch des Schaffensprozesses voraus, denn der literarische Wert wird nicht erst mit der Aufnahme des Kunstwerks erfaßt, sondern in jedes Werk ist bereits die spezifische Art und Weise der Werterfassung des Autors eingegangen. Schober nennt daher literarische Wertung eine »Wertung zweiten Grades«. Sie ist zwar eine subjektive Tätigkeit, aber mit objektivem Ergebnis, da sowohl der Standpunkt, von dem aus gewertet wird, als auch die Kriterien, nach denen bewertet wird, gesellschaftlich vermittelt und damit objektiv sind. Wertkriterien sind dabei sowohl Inhalt als auch Form. Das höchste Prädikat verdient daher das Werk, das die Wirklichkeit abbildet, indem es das für seine Zeit wesentliche Thema aufgreift und künstlerisch optimal realisiert. Zentrale marxistische Kategorie bleibt die des Menschenbildes, deren Analogie zur klassischen Werttripel des Wahren-Schönen-Guten durchaus zugestanden wird. Gleichwohl betont Schober auch die Historizität der Wertkategorien. Sie unterliegen einem historischen Wandlungsprozeß, indem sie durch die entstehungsgeschichtlichen wie wirkungsgeschichtlichen Grundlagen bzw. durch den Klassenstandpunkt des Wertenden bedingt sind. Wertungsdivergenzen diachroner und synchroner Art werden von der Verfasserin daher durch die gesellschaftlichen Veränderungen und durch den fortschreitenden Literaturprozeß begründet, wobei jedoch der Glaube an eine Auspendelung der divergierenden Meinungen und an eine Durchsetzung des progressiven Standpunktes bzw. an eine gesicherte Beurteilung auf der Grundlage umfassender marxistisch-leninistischer Ästhetik dominiert.

Zum Abschluß sei noch auf ein wesentliches Problem hingewiesen: Während die fachwissenschaftliche Diskussion häu-

fig in dünner Luft der Abstraktion um weitgefaßte Grund-
satzfragen kreist, stellt sich für die Mehrzahl der Literatur-
teilnehmer die Wertfrage weniger als theoretisches Problem
denn als praktisches Verfahren. In Fragen der literarischen
Urteilsbildung orientieren sie sich vorwiegend an der *Literaturkritik* der öffentlichen Medien, die keinen oder nur
geringen Zusammenhang mit der akademischen Diskussion
erkennen läßt. Zunehmend wird darum als spezifisch deut-
sches Problem (im Gegensatz zu angelsächsischen oder sozialistischen Ländern) eine Kluft zwischen praktischer Kritik
und theoretischer Wertung gerügt. Durch das schlechte
Nebeneinander von unwissenschaftlicher Kritik und unkri-
tischer Wissenschaft werde verdeckt, daß es beiden um
dasselbe gehen müsse, um eine Verständigung über die Bedeutung der Literatur für den Leser. Zu dieser Aufgabe
hätten journalistische Literaturkritik und akademische Literaturwissenschaft in gleicher Weise beizutragen durch Information, Belehrung und kritische Reflexion. Vor allem
Norbert Mecklenburg fordert eine Einheit von akademi-
scher und journalistischer Literaturbetrachtung durch eine
wissenschaftliche Literaturkritik und eine literaturkritische
Anwendung der Wissenschaft: »Ein adäquater Begriff von
Literaturkritik dürfte sowohl über die journalistische Buchrezension als auch über die akademische Interpretations-
kunst hinausgehen. Er hätte ein Verfahren zu bezeichnen,
das es ermöglicht, über Wahrheit und Unwahrheit der
Texte zu entscheiden, anders gesagt: die Bedeutung zu bestimmen, welche die durch Tradition und Markt vermittel-
ten Produkte für die Menschen der Gegenwart haben.«[17]
Kritik und Wertung wären somit gleichermaßen als notwendige Aspekte eines sich als »historische Verständigungs-
wissenschaft« begreifenden Faches anzusehen. Mecklenburg
fordert darum die Entwicklung einer praktischen oder angewandten Disziplin der Literaturwissenschaft, die nicht

17. Norbert Mecklenburg: Kriterien als Bedingungen der Möglichkeit
von Literaturkritik. In: Kritik der Literaturkritik. Hrsg. von Olaf
Schwencke. Stuttgart 1973. S. 91 f.

den Interessen des Marktes und der Reklame, sondern der Aufklärung des Lesers zu dienen hätte. Eine vorrangige Aufgabe der theoretisch orientierten Kritik sei es, Kriterien zu entwickeln, die die Differenz zwischen bestehender und anzustrebender literarischer Kommunikation und gesellschaftlicher Praxis reflektieren und die sich im offenen Prozeß aufgrund immer neuer ästhetischer Erfahrungen konstituieren.

IV. Arbeitsvorschläge

Zu Kapitel I:

1. Lesen Sie die vier Gedichte gründlich durch. Welches erscheint Ihnen gelungen, welches nicht?

Versuchen Sie herauszufinden, was für Ihr Qualitätsurteil ausschlaggebend war:

a) Form/Inhalt
b) spontane Gefühlseindrücke / rationale Analyse / bisherige Erfahrungen im Umgang mit Gedichten.

Vergleichen Sie Ihr Urteil mit dem Ihrer Altersgenossen.

Legen Sie die Gedichte auch anderen Personen vor, und fragen Sie nach deren Urteil. Achten Sie dabei auf verschiedene Alters- und Berufsgruppen und verschiedene soziale Herkunft. Falls Sie abweichende Ergebnisse erhalten, versuchen Sie herauszufinden, wodurch sie bedingt sind.

Welche der folgenden Sätze sind Ihrer Meinung nach richtig?

a) Literarische Werturteile sind Geschmacksurteile, und über Geschmack läßt sich nicht streiten.
b) Gedichte haben etwas mit Gefühl und Erlebnis zu tun, und diese lassen sich nur schwer begründen.
c) Im Umgang mit Gedichten muß man Kenntnisse haben.
d) Urteile über Gedichte sind abhängig vom Alter, vom Geschlecht, vom Beruf, von der sozialen Schicht.
e) Die Erwartungen an ein Gedicht richten sich in erster Linie auf die Form / auf den Inhalt.

Was erwarten Sie von einem Gedicht?

– Es soll »schön« sein / es soll »wahr« sein (versuchen Sie die beiden Begriffe inhaltlich zu füllen)

- es soll zeitgemäß sein / es soll auch in 50 Jahren noch Geltung haben
- es soll ungewöhnlich sein (z. B. sich von der Alltagssprache unterscheiden) / es soll verständlich sein
- es soll für mich persönlich Bedeutung haben / es soll für möglichst viele Menschen Bedeutung haben
- es soll mir Freude machen / es soll mich geistig anregen.

2. Vergleichen Sie die verschiedenen Besprechungen zu Bölls Erzählung (2a–d).

- Worin unterscheiden sich die Texte in der Argumentation? (Differenzieren Sie zwischen beschreibenden, deutenden und wertenden Aussagen.)
- Wo werden Wertungen versteckt, wo offen formuliert?
- Wie begründen die Verfasser ihre Werturteile (mit inhaltlichen oder formalen, mit literarischen oder politischen, gesellschaftlichen Argumenten)?
- Haben die Formulierungen Appellcharakter für den Leser (berücksichtigen Sie dabei auch den journalistischen Jargon, die literaturkritische Rhetorik), wollen sie überzeugen oder überreden?
- Welche Erwartungen an Literatur sind in diesen Wertungen erkennbar?

3. Vergleichen Sie die unterschiedlichen Urteile über Schillers *Lied von der Glocke* (3a–i), und versuchen Sie die Ursachen für diese Verschiedenartigkeit herauszufinden. Berücksichtigen Sie dabei in jedem Fall das Entstehungsdatum der Beurteilung.

- Worauf führen Sie die starke Beachtung von Schillers Glockenlied im 19. Jahrhundert zurück? Begründen Sie Ihre Auffassung a) am Text selbst, b) an sozial- und kulturgeschichtlichen Faktoren.
- Welche Textstellen entsprechen Ihrer Meinung nach

der Lebens- und Gesellschaftsauffassung des Bürger
tums?
– Welche Faktoren (literarische und außerliterarische
bestimmen Ihrer Meinung nach die Werturteile?
– Inwiefern kann z. B. Dühring behaupten, das Ge
dicht verurteile alle Revolutionen summarisch?
– Warum entspricht das Gedicht nicht der Kunstauf
fassung der Romantiker?
– Halten Sie die Auslassung des Gedichtes in einer mo
dernen Schiller-Ausgabe für gerechtfertigt?
– Setzen Sie sich kritisch mit den Argumenten von
Reich-Ranicki, Leppmann und Enzensberger ausein-
ander.
– Befragen Sie Personen Ihrer Umgebung (möglichst
verschiedene Generationen und verschiedene soziale
Schichten) nach ihrer Meinung.
– Halten Sie es für richtig, daß das Gedicht heute
noch im Deutschunterricht besprochen wird?

Zu Kapitel II:

1. Achten Sie jeweils bei der Lektüre der Texte aus Kapi-
tel II darauf, ob der Autor-Text-Bezug oder der Leser-
Text-Bezug im Vordergrund steht.
   – Machen Sie bei dem jeweiligen Text eine Übersicht
   über die Schwerpunkte der Problemstellung.
   – Welche Vorstellungen von Wesen und Bedeutung der
   Kunst/Literatur lassen sich erkennen?

2. Die Frage nach den Wertungs*kriterien* ist eines der zentralen Themen der literarischen Wertung:
   – Machen Sie eine Aufstellung über die einzelnen Wertmaßstäbe. Gehen Sie dabei von der Frage aus: Welche
   Kriterien werden von wem für welche Literatur an-
   gewendet?
   – Unterscheiden Sie zwischen den verschiedenen Pro-
   blemlösungen: 1–2; 3–5; 6–8; 10–11; 12; 14–15; 16.

- Warum vermeiden einige Autoren möglichst den Begriff Maßstab/Kriterium und sprechen lieber von Gesichtspunkten (1), Begrenzungshilfen (6), Fragen- und Problemkreisen (8)?
- Inwiefern versucht Hass (6) eine Zusammenfassung der bisherigen Diskussion zu bringen? Benutzen Sie als Hilfe zu dem Text von Hass folgende vereinfachte schematische Darstellung:

Einsichten in die Seinsweise von Dichtung	Herleitung aus einer Funktion (Bedeutsamkeit) von Dichtung
= ästhetische Kriterien	= funktionale Kriterien
sinngeprägte Gestaltung Anschaulichkeit Bildhaftigkeit	Lebensbedeutsamkeit Lebenswahrheit Natürlichkeit das Ewig-Menschliche Zeitlosigkeit
geschlossener Gefügecharakter innere Übereinstimmung stilistische Stimmigkeit Bündigkeit und Maß	Erkenntnisbedeutsamkeit Welterhellung Seinserhellung Verständigung über das Dasein Sinnbildhaftigkeit Ideengehalt

historisches Kriterium

Das Kunstwerk als Ganzes:
Originalität, Neuheit in Gehalt und Gestalt

(Ortwin Beisbart: Möglichkeiten literaturdidaktischer Entscheidungen. Bern u. Frankfurt a. M.: Lang 1975. S. 41)

- Welche Schlüsse lassen sich aus der Vielzahl, der Verschiedenartigkeit und dem Wandel der Kriterien ziehen?

3. Wie wird das Verhältnis von ästhetischen (von der Beschaffenheit des Textes abgeleiteten) und außerästhetischen (von der Funktion des Textes abgeleiteten soziologischen, psychologischen, weltanschaulichen, ideengeschichtlichen usw.) Kriterien gesehen?
   Berücksichtigen Sie für diese Frage besonders die Texte 1, 4, 10, 14, 15, 16.

4. Versuchen Sie den Widerstand gegen »dichtungsfremde Wertsysteme« (Oppel), die Beschränkung auf werkimmanente Interpretation und das Festhalten an der klassischen Autonomielehre nach 1945 zu erklären (Textgruppe A).
   Berücksichtigen Sie auch die Entwicklung vor 1945, und überlegen Sie, warum sich Kunst in den dreißiger Jahren mit politischen Aufgabenstellungen verbinden konnte (1–2).
   Versuchen Sie herauszufinden, inwiefern man im Nationalsozialismus die Ablehnung oder Befürwortung folgender Autoren rechtfertigen konnte?

Negativ bewertet:	*Positiv bewertet:*
Bertolt Brecht	Gottfried Benn
Heinrich Heine	Stefan George
Heinrich Mann	Ernst Jünger
Thomas Mann	Erwin G. Kolbenheyer
Anna Seghers	Hermann Löns
Kurt Tucholsky	Rainer Maria Rilke
Arnold Zweig	

Orientieren Sie sich dabei mit Hilfe einer Literaturgeschichte oder eines literarischen Nachschlagewerks. Benutzen Sie dabei auch die stichwortartigen Leitbegriffe mit deren Hilfe zwei Arten von Dichtung unterschieden wurden:

Zum Wesen des Dichters:

Schriftsteller	Dichter
Skriptor	Vates [»Seher«]
Wortakrobat, Virtuose	Prophet
heimat- und wurzellos	heimat- und erdverbunden
Verstand, Vernunft, Geist	Instinkt, Rasse, Blut, Leben
rational	irrational

Zur Kunstbeurteilung:

Mache, Effekt	Geschenk, Begnadung
Nachahmung	Weltüberwindung
betriebsam, zeitgebunden	ewig
Geschmack	Wille
Gewinn- und Erfolgssucht	Dienst
humanistische Bildung	Erziehung, Seelenformung
Wissenschaft	Mythos
Intellekt	Gefühl, Seele
Anarchie	völkische, rassische Gebundenheit
Ästhetizismus	Gesinnung
Morbidität	Kraft
krank	gesund

Zur Darstellungsweise:

Realismus	Idealismus
rational	irrational
Analyse	Synthese
Journalismus, Reportage	dichterisch
Konstruktion, Form	dunkel-schöpferisch
bewußt	unbewußt
technisch	organisch
Reflexion	Tat
wissenschaftlich	religiös, mythisch
Desillusionierung	Verschönerung, Verklärung
Skepsis, Ironie	Glaube
Vereinzelung	Ganzheit
Zersetzung, Zersplitterung	Sammlung, Aufbau
absinken	steigern
niederziehend	lebenerhöhend
gemein	edel
defaitistisch	heroisch

Themen:

Allzumenschliches	Schicksal
Großstadt, Urbanismus	Landschaft, Bauer, Scholle
Ich	Wir
Erfolgssucht	Opfersinn
Isolierung	Kameradschaft
Sexus, Erotik	Sauberkeit
Genuß	Tragik
Klasse, Gesellschaft	Gemeinschaft, Volk
Internationalität	Nation
Weltbürgertum, Menschheit	Volk, Vaterland
Liberalismus	Einordnung
Dekadenz	Aufstieg, heroisches Trotzdem

(Rolf Geißler: Dekadenz und
Heroismus.Stuttgart:Deutsche
Verlags-Anstalt 1964. S. 45 f.

5. Inwiefern kommt in den Texten 6–8 eine gewisse Umorientierung der Wertungsdiskussion zum Ausdruck?

6. Die Geltung der am literarischen Kunstwerk gewonnenen ästhetischen Normen wird in den sechziger Jahren im Zusammenhang mit der Diskussion um die sog. *Trivialliteratur* in Frage gestellt. Welche Konsequenzen ergeben sich daraus für die Wertfrage?

   – Informieren Sie sich über den Begriff »Trivialliteratur« anhand eines literarischen Lexikons.
   – Wie begründet H. Kreuzer (9) seine Kritik am traditionellen »dichotomischen« Literaturmodell, und wie stellt er sich seine Aufhebung vor?
   – Welche Konsequenzen hat es für die literarische Wertung, wenn gefordert wird, Literatur nicht mehr nach ästhetisch-formalen oder inhaltlichen Gesichtspunkten zu beurteilen, sondern ihren Wert nach der Funktion für den Leser zu bestimmen?
   – Welche Rückschlüsse für die Wertung von Trivialliteratur lassen sich aus den theoretischen Ansätzen der Texte 10–12 ziehen?

7. Untersuchen Sie den *rezeptionsorientierten* Ansatz der literarischen Wertung.

- Vergleichen Sie den rezeptionsästhetischen Ansatz mit dem autonomieästhetischen Denken. (Benutzen Sie dabei auch den Text von Schulte-Sasse, 13.)
- Wodurch wird die Aufnahme und Wirkung eines Werkes bei Mukařovský (10) und Jauß (11) bestimmt?
- Definieren Sie das Verhältnis der drei Größen, die bei Mukařovský das Ästhetische bestimmen.
- Inwiefern nennt er Funktion, Norm und Wert »soziale Fakten«?
- Vergleichen Sie die Bedeutung des Kollektivs bei Mukařovský mit der Bedeutung der Kulturgemeinschaft bei Hass (6).
- Wie versucht Mukařovský die wechselnden Wertungen, denen ein Werk im Laufe seiner Geschichte unterworfen ist, theoretisch zu erklären? Lassen sich daraus Rückschlüsse für die verschiedenen Wertungen von Schillers *Glocke* ziehen?
- Wie erklärt Mukařovský den Normenbildungsprozeß und das Nebeneinander verschiedener ästhetischer Normensysteme? Können Sie innerhalb der Literaturgeschichte solche konkurrierenden Normensysteme nennen?

8. Bestimmen Sie die Unterschiede zwischen *historisch-materialistischer* und *bürgerlicher Kunstauffassung* und ihre Auswirkung auf die literarische Wertung. Benutzen Sie gegebenenfalls als Ergänzung zu den Texten 14–15 die beiden graphischen Übersichten zum Verständnis der marxistischen Wertlehre:

Schema I:
Wertung als komplexes gesamtgesellschaftliches Phänomen.
Literarische Werte (C) abhängig von Wechselbeziehung zwi
schen Bewußtseinsphänomenen (B) und konkreter Realität (A
innerhalb des gesamtgesellschaftlichen Rahmens:

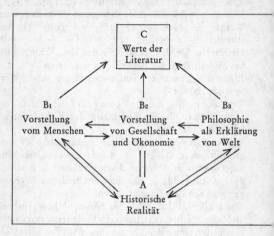

Gesamt-Realität

Schema II:
Differenzierung und Zusammenhang der Werte aufgrund der gesellschaftlichen Funktion von Literatur und ihre Aufgabe zur Widerspiegelung von Wirklichkeit

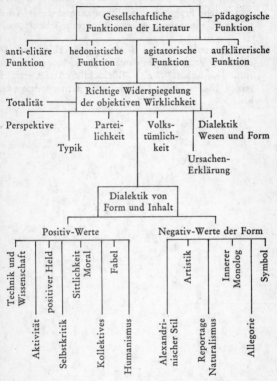

(Nach: Manon Maren-Grisebach: Theorie und Praxis literarischer Wertung. München: Francke 1974. S. 50 u. 52)

9. Wurden Ihnen durch die Texte in Kapitel II Anregungen und Erkenntnisse vermittelt, um die durch Kapitel I aufgeworfenen Fragen und Probleme besser lösen zu können?
   Auf welche Frage erscheint Ihnen anhand dieser Arbeiten und Untersuchungen keine Antwort möglich?

10. Wie beurteilen Sie den Beitrag von Mecklenburg (16) und seine Vorstellungen von einer praxisbezogenen Literaturwissenschaft? Welche Rückschlüsse lassen sich aus seinen Thesen für die Diskussion der Kriterienfrage ziehen?

V. Quellenverzeichnis

apitel I

1. a) Hans Frentz: Deutsche Legende. In: H. F., Deutsche Legende. Gedichte. Wiesbaden: Limes 1957.
   b) Arno Reinfrank: Anlaß zu Delirium. In: Frankfurter Allgemeine Zeitung vom 25. April 1975.
   c) Werner Dürrson: Arche TV. In: Frankfurter Allgemeine Zeitung vom 19. April 1975.
   d) Kurt Mautz: cartolina postale. In: K. M., Schreibmaschinenpoesie. München: Relief Verlag 1977.
2. a) Rolf Michaelis: Der gute Mensch von Gemmelsbroich. In: Die Zeit vom 2. August 1974.
   b) Wolfram Schütte: Notwehr, Widerstand und Selbstbetrug. In: Frankfurter Rundschau vom 10. August 1974.
   c) Dorothee Sölle: Heinrich Böll und die Eskalation der Gewalt. In: Merkur 28 (1974) S. 885–887.
   d) Joachim Kaiser: Liebe und Haß der heiligen Katharina. In: Süddeutsche Zeitung vom 10./11. August 1974.
3. a) August Wilhelm Schlegel: Literarische Scherze. Musenalmanach für das Jahr 1832; hier nach Norbert Oellers (Hrsg.): Schiller Zeitgenosse aller Epochen – Dokumente zur Wirkungsgeschichte Schillers in Deutschland. Teil I. Frankfurt a. M.: Athenäum 1970. S. 492 f.
   b) Wilhelm von Humboldt: Über Schiller und den Gang seiner Geistesentwicklung. Marbach 1952; hier nach Oellers I, S. 304 f.
   c) Jakob Grimm: Rede auf Schiller. In: Abhandlungen der königlichen Akademie der Wissenschaften zu Berlin 1860; hier nach Oellers I, S. 440.
   d) David Friedrich Strauß: Der neue und der alte Glaube. Ein Bekenntniß. Leipzig 1872; hier nach Oellers II, München: Beck 1976. S. 56.
   e) Eugen Dühring: Die Größen der modernen Literatur populär und kritisch nach neuen Gesichtspunkten dargestellt. Leipzig: Naumann 1893. 2. Abt., S. 159–161.
   f) Emil Staiger: Schillers Größe. In: Die Neue Rundschau 70 (1959) S. 564–566.
   g) Marcel Reich-Ranicki: Kein Lied mehr von der Glocke. In: Die Zeit vom 9. September 1966.
   h) Wolfgang Leppmann: Schiller in Pflicht und Kür. In: Die Zeit vom 6. Oktober 1967.
   i) Hans Magnus Enzensberger: Festgemauert aber entbehrlich. Warum ich Schillers berühmte Balladen weglöß. In: Die Zeit vom 28. Oktober 1966.

Kapitel II

1. Leonhard Beriger: Die literarische Wertung. Ein Spektrum der Kritik. Halle: Niemeyer 1938. S. 10–12, 30, 38.

2. Julius Petersen: Die Wissenschaft von der Dichtung. Berlin: Junker & Dünnhaupt 1939. S. 269–272.

3. Horst Oppel: Methodenlehre der Dichtung. In: Deutsche Philologie im Aufriß. Hrsg. von Wolfgang Stammler. Bd. 1. Berlin: E. Schmidt ²1957. Sp. 74–80.

4. a) Wolfgang Kayser: Vom Werten der Dichtung. In: W. K., Die Vortragsreise. Bern: Francke 1958. S. 58–61.
   b) Wolfgang Kayser: Literarische Wertung und Interpretation, ebd. S. 45–53.

5. a) Emil Staiger: Versuch über den Begriff des Schönen. In: Trivium 3 (1945) S. 192.
   b) Emil Staiger: Einige Gedanken zur Fragwürdigkeit des Wertproblems. In: Literarische Wertung und Wertungsdidaktik. Hrsg. von Georg Pilz u. Ernst Kaiser. Kronberg i. Ts.: Scriptor 1976 S. 125–132. (Zuerst englisch in: Problems of Literary Evaluation 1969.)

6. Hans-Egon Hass: Das Problem der literarischen Wertung. Darmstadt: Wissenschafliche Buchgesellschaft 1970. S. 35–39, 89–92. (Zuerst in: Studium generale 12, 1959.)

7. Wilhelm Emrich: Wertung und Rangordnung literarischer Werke. In: Sprache im technischen Zeitalter H. 12 (1964) S. 980–984.

8. Walter Müller-Seidel: Probleme der literarischen Wertung. Über die Wissenschaftlichkeit eines unwissenschaftlichen Themas. Stuttgart: Metzler ²1969. S. 33–44, 59–62, 84–87, 95, 119–121, 124, 161 bis 165, 176.

9. Helmut Kreuzer: Trivialliteratur als Forschungsproblem. In: Deutsche Vierteljahrsschrift für Literaturwissenschaft und Geistesgeschichte 41 (1967) S. 177, 183–185, 190.

10. Jan Mukařovský: Ästhetische Funktion, ästhetische Norm und ästhetischer Wert als soziale Fakten. In: J. M., Kapitel aus der Ästhetik. Frankfurt a. M.: Suhrkamp 1970. S. 11 f., 17 f., 28 f., 36, 46, 50, 57 f., 73 f., 77, 81, 102–104, 106–108. (Tschechische Erstausgabe 1966.)

11. Hans Robert Jauß: Literaturgeschichte als Provokation. Frankfurt a. M.: Suhrkamp 1970. S. 177–179.

12. Günter Waldmann: Theorie und Didaktik der Trivialliteratur. München: Fink 1973. S. 103 f., 106 f., 116–118, 79.

13. Jochen Schulte-Sasse: Autonomie als Wert. Zur historischen und rezeptionsästhetischen Kritik eines ideologischen Begriffs. In: Literatur und Leser. Hrsg. von Gunter Grimm. Stuttgart: Reclam 1975 S. 115–118.

14. Hellmuth Barnasch: Grundlagen der Literaturaneignung. Berlin [Ost] Volk und Wissen 1972 (²1974). S. 138–140.

5. Rita Schober: Zum Problem der Wertung literarischer Kunstwerke. In: Theorie – Literatur – Praxis. Arbeitsbuch zur Literaturtheorie seit 1970. Hrsg. von Richard Brütting u. Bernhard Zimmermann. Frankfurt a. M.: Athenäum 1975. S. 197–202, 223–227, 239, 241–244, 246 f. (Überarbeitete Fassung aus Weimarer Beiträge 19, 1973.)

6. a) Norbert Mecklenburg: Einleitung zu: Literarische Wertung. Texte zur Entwicklung der Wertungsdiskussion in der Literaturwissenschaft. Hrsg. von N. M. Tübingen: Niemeyer 1977. S. XXIX f., XXXV f.

   b) Norbert Mecklenburg: Kriterien als Bedingungen der Möglichkeit von Literaturkritik. In: Kritik der Literaturkritik. Hrsg. von Olaf Schwencke. Stuttgart: Kohlhammer 1973. S. 91–96.

VI. Literaturhinweise

Albert, Hans u. Ernst Topitsch (Hrsg.): Werturteilsstreit. Darmstadt 1971.

Beriger, Leonhard: Werterlebnis, Erkenntniskritik und Systematik als Voraussetzungen literarischer Wertung. In: Orbis litterarum 21 (1966) S. 1–11.

Binneberg, Karl: Grundlagen eines Curriculums Sprache und Literatur. Untersuchungen zur Struktur des Literaturunterrichts. Weinheim u. Basel 1973 (Marburger Pädagogische Studien. Neue Folge 10.) (Darin: Wertgefühl S. 42–55; Wert oder Wertung?, S. 66–73; Literarische Wertung und Rationalität, S. 111–130.)

Boas, George: Die Hierarchie der Werte. In: Joseph Strelka u. Walter Hinderer (Hrsg.), Moderne amerikanische Literaturtheorien. Frankfurt a. M. 1970 S. 64–85.

Bohrer, Karl Heinz: Die »Antizipation« beim literarischen Werturteil. In Akzente 25 (1978) S. 104–120.

Borgeest, Claus: Das Kunsturteil. Frankfurt a. M. 1979.

Bredella, Lothar: Ästhetische und funktionale Kategorien in der Literaturdidaktik. In: Diskussion Deutsch 3 (1972) H. 9, S. 197–210.

Breloer, Heinrich u. Rainer Zimmer: »Kitsch« als Kriterium literarischer Wertung. In: Jochen Vogt (Hrsg.), Literaturdidaktik. Aussichten und Aufgaben Düsseldorf 1972. S. 93–112.

Broch, Hermann: Das Böse im Wertsystem der Kunst. In: H. B., Dichten un Erkennen. Gesammelte Werke. Essays Bd. 1. Zürich 1955. S. 311–350.

Bürger, Christa: Textanalyse als Ideologiekritik. Zur Rezeption zeitgenössischer Unterhaltungsliteratur. Frankfurt a. M. 1973. (Darin: Zum Problem der Wertung. Unterhaltungsliteratur und Ideologiekritik, S. 13–30.)

Chvatik, Kvetoslav: Der ästhetische Wert. In: K. Ch., Strukturalismus un Avantgarde. München 1970. S. 96–107.

Crowley, Ruth (Ann): Roman Ingarden and literary truth value. In: Erkenne und Deuten. Essays zur Literatur und Literaturtheorie. Edgar Lohner i memoriam. Unter Mitarb. zahlr. Fachgelehrter hrsg. von Martha Woodman see u. Walter F. W. Lohnes. Berlin 1983. S. 42–53.

Delius, Harald: Zur Natur und Verbindlichkeit ästhetischer Wertungen. In Siegfried J. Schmidt (Hrsg.), Text. Bedeutung. Ästhetik. München ²1972 S. 153–175.

Drews, Jörg (Hrsg.): Literaturkritik – Medienkritik. Heidelberg 1977.

Drews, Jörg: Literaturkritik und literarische Wertung. In: Protokolle (1978 S. 223–241.

Eschbach, Achim u. Wendelin Rader: Ist die »linkshändige Frau« trivial? Überlegungen zur literarischen Wertung. In: LiLi 7 (1977) H. 27/28, S. 104–116

Gebhardt, Peter (Hrsg.): Literaturkritik und literarische Wertung. Darmstadt 1980.

Geißler, Rolf: Dekadenz und Heroismus. Zeitroman und völkisch-nationalsozialistische Literaturkritik. Stuttgart 1964. (Schriftenreihe der Vierteljahreshefte für Zeitgeschichte. Nr. 9.) (Darin: Völkisch-nationalsozialistische Bewertungskategorien zeitgenössischer Literatur, S. 45–54.)

erth, Klaus: »Ästhetische« und »ontologische« Wertung. Ein kritischer Literaturbericht über die Arbeiten W. Kaysers und W. Emrichs zur literarischen Wertung. In: DU 19 (1967) H. 5, S. 43–57.

erth, Klaus: Die abenteuerliche Flucht der unglücklichen Komteß. Oder: Was haben wir an der Trivialliteratur? In: Bertelsmann Briefe H. 60 (1968) S. 12–22.

labermas, Jürgen: Erkenntnis und Interesse. In: Merkur H. 213 (1965) S. 1139–53.

enckmann, Wolfhart: Über die Verbindlichkeit ästhetischer Urteile. In: Zeitschrift für Ästhetik 15 (1970) S. 49–77.

lenze, Donald W.: Das Kunstwerk als eine Regel. In: Ratio 11 (1969) S. 60 bis 65.

lerrlitz, Hans-Georg: Lektüre-Kanon und literarische Wertung. In: DU 19 (1967) H. 1, S. 79–92.

lerrmann, Wolfgang: Der allein ausziehende Held. Zur Problematik literarischer Wertung am Beispiel des Abenteuer- und Wildwestromans. In: DVjs 46 (1972) S. 320–358.

liller, Hans Ludwig (Hrsg.): Normen und Werte. Heidelberg 1982.

lofmann, Werner: Vom Werturteil in der Gesellschaftslehre. In: W. H., Universität, Ideologie, Gesellschaft. Beiträge zur Wissenschaftssoziologie. Frankfurt a. M. 1968. S. 67–91.

ngarden, Roman: Das literarische Kunstwerk. Tübingen ³1965.

ngarden, Roman: Vom Erkennen des literarischen Kunstwerks. Tübingen 1968.

ngarden, Roman: Erlebnis, Kunstwerk und Wert. Tübingen 1969.

aiser, Erich u. Georg Pilz: Lernziel: Wertungskompetenz. Ein Unterrichtsversuch mit Ulrich Plenzdorfs »Die neuen Leiden des jungen W.«. In: DU 31 (1979) H. 4, S. 82–93.

indermann, Heinz: Die neuen Wertgrundlagen. In: H. K., Dichtung und Volkheit: Grundzüge einer neuen Literaturwissenschaft. Berlin ²1939. S. 56–71.

renzlin, Norbert: Vom Wert der Werte. Ergebnisse und Probleme der Ästhetik-Diskussion in der DDR. In: WB 28 (1982) H. 4, S. 141–150.

römer, Tilmann: Wertung in marxistischer deutscher Literaturbetrachtung. In: DU 19 (1967) H. 5, S. 75–89.

rzywon, Ernst Josef: Literarische Wertung. Zur Revision eines literaturtheoretischen und literaturpraktischen Begriffs. In: Dorothea Ader [u. a.]: Sub tua platano. Festgabe für Alexander Beinlich. Kinder- und Jugendliteratur, Deutschunterricht, Germanistik. Emsdetten 1981. S. 470–476.

urzawa, Werner: Analytische Aspekte der literarischen Wertung. Frankfurt a. M. u. Bern 1982.

enz, Bernd u. Bernd Schulte-Middelich (Hrsg.): Beschreiben, Interpretieren, Werten. Das Wertungsproblem in der Literatur aus der Sicht unterschiedlicher Methoden. München 1982.

indner, Burkhardt: Probleme der literarischen Wertung. In: Heinz Ludwig Arnold u. Volker Sinemus (Hrsg.), Grundzüge der Literatur- und Sprachwissenschaft. Bd. 1. München 1973. S. 444–458.

Lockemann, Fritz: Literaturwissenschaft und literarische Wertung. Münche
1965.

Löffel, Hartmut: Skizze einer literarischen Wertung am Anfang der siebzig
Jahre. In: DU 25 (1973) H. 1, S. 31–43.

Löffler, Renate: Literaturästhetisches Modell und Wertung. Ein Versuch m
Textbeispielen. Bern u. Frankfurt a. M. 1975.

Lunding, Erik: Absolutismus oder Relativismus? Zur Wertfrage. In: Orbis litt
rarum 21 (1966) S. 71–94.

Lunding, Erik: Das Wagnis des Wertens. In: DU 19 (1967) H. 5, S. 24–42.

Maren-Grisebach, Manon: Theorie und Praxis literarischer Wertung. Münche
1974.

Mecklenburg, Norbert: Kritisches Interpretieren. Untersuchungen zur Theor
der Literaturkritik. München 1972.

Mecklenburg, Norbert u. Harro Müller: Erkenntnisinteresse und Literaturwi
senschaft. Stuttgart 1974.

Mecklenburg, Norbert (Hrsg.): Zur Didaktik der literarischen Wertung. Fran
furt a. M. 1975.

Mecklenburg, Norbert (Hrsg.): Literarische Wertung. Texte zur Entwicklun
der Wertungsdiskussion in der Literaturwissenschaft. München u. Tübinge
1977. (Dt. Texte 43.)

Mecklenburg, Norbert: Wertung und Kritik als praktische Aufgaben der Liter
turwissenschaft. In: Peter Gebhardt (Hrsg.), Literaturkritik und literarisch
Wertung. Darmstadt 1980. S. 388–411. (Wege der Forschung 334.)

Moritz, Karl (unter Mitarbeit von Horst Müller u. Jochen Schulte-Sasse): We
tendes Lesen. Übungen zur literarischen Wertung. Frankfurt a. M. 1964.

Moritz, Karl: Schulung des literarischen Qualitätsgefühls. In: Wirkendes Wo
12 (1962) H. 2, S. 106–118.

Müller-Michaels, Harro: Didaktische Wertung. Anmerkungen zur Kanon-Di
kussion. In: Jahrbuch Deutschdidaktik 1980 (1981) S. 136–148.

Müller-Seidel, Walter: Wertung und Wissenschaft im Umgang mit Literatur. I
DU 21 (1969) H. 3, S. 5–40.

Mukařovský, Jan: Das dichterische Werk als Gesamtheit von Werten. In: J. M
Kapitel aus der Poetik. Frankfurt a. M. 1967. S. 34–43. (Tschechische Ers
veröffentlichung des Aufsatzes 1932.)

Naumann, Manfred: Abbild–Sinnbild–Wertung. Rita Schober zum 65. G
burtstag. In: WB 29 (1983) S. 1861–69.

Nutz, Maximilian: Die affirmative Urteilsfähigkeit. Zur Kritik der Wertung
didaktik. In: Diskussion Deutsch 3 (1972) H. 9, S. 275–286.

Pfeiffer, Johannes: Wertung. Normative Grundbegriffe. In: J. P., Umgang m
Dichtung. Leipzig 1936 (^{11}1967). S. 41–67.

Pikulik, Lothar: Das Zeitgemäße als Kategorie der literarischen Wertung. I
Wirkendes Wort 25 (1975) S. 12–27.

Pilz, Georg u. Ernst Kaiser (Hrsg.): Literarische Wertung und Wertungsdida
tik. Kronberg i. Ts. 1976.

Redeker, Horst: Abbildung und Wertung. Grundprobleme einer Literatu
ästhetik. Leipzig 1980.

Ross, Werner: Zur Wertung moderner Lyrik. In: DU 10 (1958) H. 5, S. 21–38

Ross, Werner: Zur Frage der Wertung von Gedichten. In: Wirkendes Wort 9 (1959) S. 24–36.

Schemme, Wolfgang: Trivialliteratur und literarische Wertung. Einführung in Methoden und Ergebnisse der Forschung aus didaktischer Sicht. Stuttgart 1975.

Schlüter, Kurt: Bemerkungen und Demonstrationen zur Problematik des literaturwissenschaftlichen Urteilens. In: DVjs 51 (1977) S. 531–548.

Schmuck, Lieselotte: Literaturkritik und literarische Wertung. Aspekte einer inhaltsanalytischen Untersuchung deutschsprachiger Romankritik (1945 bis 1975). In: Helmut Kreuzer u. Reinhold Viehoff (Hrsg.), Literaturwissenschaft und empirische Methoden. Eine Einführung in aktuelle Projekte. Göttingen 1981. S. 96–115.

Schober, Rita: Werten oder Beschreiben? In: R. Sch., Von der wirklichen Welt der Dichtung. Berlin [Ost] 1970.

Schober, Rita: Zum Problem der literarischen Wertung: In: Actes du septième Congrès de l'Association Internationale de Littérature Comparée 7,2. Stuttgart 1979. S. 497–524.

Schrembs, Edigna (Hrsg.): Wertung und Wirkung von Literatur. Hannover 1976.

Schücking, Levin L.: Soziologie der literarischen Geschmacksbildung. Leipzig u. Berlin 1931.

Schücking, Levin L.: Literarische »Fehlurteile«. Ein Beitrag zur Lehre vom Geschmacksträgertyp. In: DVjs 10 (1932) S. 371–386.

Schüling, Hermann: Zur Geschichte der ästhetischen Wertung. Bibliographie der Abhandlungen über den Kitsch. Gießen 1971.

Schütze, Peter F.: Zur Kritik des literarischen Gebrauchswerts. Darmstadt 1975.

Schulte-Sasse, Jochen: Die Kritik an der Trivialliteratur seit der Aufklärung. Studien zur Geschichte des modernen Kitschbegriffs. München 1971.

Schulte-Sasse, Jochen: Literarische Wertung. Stuttgart [2]1976.

Schwarz, Ullrich: Rettende Kritik und antizipierte Utopie. Zum geschichtlichen Gehalt ästhetischer Erfahrung in den Theorien von Jan Mukařovský, Walter Benjamin und Theodor W. Adorno. München 1981.

Seidler, Herbert: Zum Wertungsproblem in der Literaturwissenschaft. In: H. S., Beiträge zur methodologischen Grundlegung der Literaturwissenschaft. Österreichische Akademie der Wissenschaften, Phil.-hist. Klasse. Sitzungsberichte, Bd. 262, 3. Abh. Wien 1969. S. 5–31.

Sengle, Friedrich: Ein Aspekt der literarischen Wertung. In: Akzente 2 (1955) S. 28–36.

Sprigath, Gabriele: Das parteiliche Auge (oder Die Geschichtlichkeit des Kunsturteils). In: Marlis Gerhardt u. Gert Mattenklott, kontext 2. Königstein i. Ts. [2]1978.

Steinbach, Dieter: Der literarische Wertbegriff und das Lesebuch. In: DU 18 (1966) H. 4, S. 73–82.

Strelka, Joseph: Internationale Germanistik und literarische Wertung. In: J. S., Werk, Werkverständnis, Wertung. Grundprobleme vergleichender Literaturkritik. Bern u. München 1978. S. 137–144, 162 f.

Swiatlowski, Zbigniew: Zur Bestimmung der ästhetischen Eigenart literarischer

187

Kunstwerke. Versuch einer Bestandsaufnahme. In: WB 27 (1981) H. 4
S. 36–64.

Waldmann, Günter: Theorie und Didaktik der Trivialliteratur. Modellanalyse
– Didaktikdiskussion – literarische Wertung. Mit einer ausführlichen Biblio
graphie. 2., verb. und bibliogr. erg. Aufl. München 1977.

Weber, Albrecht: Literarische Wertung und Literaturdidaktik. In: A. W.
Grundlagen der Literaturdidaktik. München 1975. S. 125–140.

Wehrli, Max: Wert und Unwert der Dichtung. Köln 1965.

Wehrli, Max: Fortschritt in der Dichtung? In: Rudolf W. Meyer (Hrsg.), Da
Problem des Fortschritts heute. Darmstadt 1969. S. 54–70.

Wellek, René u. Austin Warren: Theorie der Literatur. Berlin 1963.

Wermke, Jutta (Hrsg.): Literarische Wertung und ästhetische Kommunikation
Frankfurt a. M. 1975.

Wunberg, Gotthart: Wiedererkennen. Literatur und ästhetische Wahrnehmun
in der Moderne. Tübingen 1983.

Wutz, Herbert: Zur Theorie der literarischen Wertung. Tübingen 1957.

Zimmermann, Bernhard: Literaturkritik und literarische Wertung. In: Richar
Brütting u. Bernhard Zimmermann (Hrsg.), Theorie–Literatur – Praxis. Ei
Arbeitsbuch zur Literaturtheorie seit 1970. Frankfurt a. M. 1975. S. 31–40

Zimmermann, Hans Dieter: Schema-Literatur. Ästhetische Norm und literari
sches System. Stuttgart 1979.

Zum Problem der Wertung vgl. auch: Weimarer Beiträge 26 (1980) H. 10 (u. a
mit Beiträgen von Horst Haase, Erwin Pracht, Dieter Schlenstedt, Rita Scho
ber, Hans-Georg Werner).

Arbeitstexte für den Unterricht

Philipp Reclam jun. Stuttgart